Spaans Smaakpalet

Authentieke Recepten en Culinaire Ontdekkingen

Elena Suarez

INHOUDSOPGAVE

GEMARINEERDE AUBERGRENZEN 24
    INGREDIËNTEN 24
    UITWERKING 24
    TRUC 24

GEKRUIDE BABYBONEN MET SERRANOHAM 25
    INGREDIËNTEN 25
    UITWERKING 25
    TRUC 25

TRINXAT 26
    INGREDIËNTEN 26
    UITWERKING 26
    TRUC 26

BROCCOLI GRATIN MET BACON EN AURORA SAUS 27
    INGREDIËNTEN 27
    UITWERKING 27
    TRUC 27

DISTELS MET GARNALEN EN VESCHERMERS IN GROENE SAUS 28
    INGREDIËNTEN 28
    UITWERKING 28
    TRUC 29

GEKARAMELISEERDE UI 30
    INGREDIËNTEN 30
    UITWERKING 30

TRUC 30
PADDESTOELEN GEVULD MET SERRANOHAM EN PESTOSAUS 31
    INGREDIËNTEN 31
    UITWERKING 31
    TRUC 31
BLOEMKOOL MET KNOFLOOK 32
    INGREDIËNTEN 32
    UITWERKING 32
    TRUC 32
GERASPTE BLOEMKOOL 33
    INGREDIËNTEN 33
    UITWERKING 33
    TRUC 33
DUXELLE 34
    INGREDIËNTEN 34
    UITWERKING 34
    TRUC 34
ANDIJVIE MET GEROOKTE ZALM EN KABRALES 35
    INGREDIËNTEN 35
    UITWERKING 35
    TRUC 35
LOMBARDA A LA SEGOVIANA 36
    INGREDIËNTEN 36
    UITWERKING 36
    TRUC 36
SALADE VAN GEROOSTERDE PEPERS 38

INGREDIËNTEN 38

UITWERKING 38

TRUC 39

FRANSE ERWTEN 40

INGREDIËNTEN 40

UITWERKING 40

TRUC 40

ROOM SPINAZIE 42

INGREDIËNTEN 42

UITWERKING 42

TRUC 43

BABYKAMERS MET WITTE SAUTIFARRA 44

INGREDIËNTEN 44

UITWERKING 44

TRUC 44

SLABONEN MET HAM 45

INGREDIËNTEN 45

UITWERKING 45

TRUC 45

LAMSSTOOFPOT 47

INGREDIËNTEN 47

UITWERKING 47

TRUC 48

AUBERGINA MILLEFEULET MET GEITENKAAS, HONING EN CURRY . 49

INGREDIËNTEN 49

UITWERKING 49

TRUC 49
WITTE ASPERGES EN GEROOKTE ZALMCAKE 51
    INGREDIËNTEN 51
    UITWERKING 51
    TRUC 51
PIQUILLO PEPERS GEVULD MET ZWART KUTJE MET ZOETE MOSTERDSAUS 52
    INGREDIËNTEN 52
    UITWERKING 52
    TRUC 52
DISTELS MET AMANDELSAUS 53
    INGREDIËNTEN 53
    UITWERKING 53
    TRUC 54
PISTO 55
    INGREDIËNTEN 55
    UITWERKING 55
    TRUC 55
PREI MET GROENTENVINAIGRETTE 57
    INGREDIËNTEN 57
    UITWERKING 57
    TRUC 57
PREI, BACON EN KAAS QUICHE 59
    INGREDIËNTEN 59
    UITWERKING 59
    TRUC 60

TOMATEN OP PROVENCAALSE STIJL 61

    INGREDIËNTEN 61

    UITWERKING 61

    TRUC 61

GEVULDE UIEN 62

    INGREDIËNTEN 62

    UITWERKING 62

    TRUC 62

ROOM PADDESTOELEN MET OKERNOTEN 64

    INGREDIËNTEN 64

    UITWERKING 64

    TRUC 64

TOMATEN- EN BASILICUMCAKE 65

    INGREDIËNTEN 65

    UITWERKING 65

    TRUC 65

AARDAPPELSTEW MET KERRIEKIP 66

    INGREDIËNTEN 66

    UITWERKING 66

    TRUC 67

GEKOOKTE EIEREN 68

    INGREDIËNTEN 68

    UITWERKING 68

    TRUC 68

AARDAPPELEN VAN BELANG 69

    INGREDIËNTEN 69

UITWERKING 69

TRUC 69

MOLLET EIEREN MET BOLETUS 71

INGREDIËNTEN 71

UITWERKING 71

TRUC 72

AARDAPPEL EN WIT WAPEN 73

INGREDIËNTEN 73

UITWERKING 73

TRUC 74

OMELETTE MET GEKOOKTE (ROPA VIEJA) 75

INGREDIËNTEN 75

UITWERKING 75

TRUC 75

AARDAPPELEN GEVULD MET GEROOKTE ZALM, BACON EN AUPLANT
.... 76

INGREDIËNTEN 76

UITWERKING 76

TRUC 77

AARDAPPEL- EN KAASKROKETTEN 77

INGREDIËNTEN 77

UITWERKING 77

TRUC 77

GOEDE FRIETJES 78

INGREDIËNTEN 78

UITWERKING 78

TRUC	78
EIEREN FLORENTIJNSE STIJL	79
INGREDIËNTEN	79
UITWERKING	79
TRUC	79
AARDAPPELSTEW MET MONKNHAND EN GARNALEN	80
INGREDIËNTEN	80
UITWERKING	80
TRUC	81
EIEREN IN FLAMENCO-STIJL	82
INGREDIËNTEN	82
UITWERKING	82
TRUC	82
TORTILLA PAISANA	83
INGREDIËNTEN	83
UITWERKING	83
TRUC	84
GEBAKKEN EIEREN MET WORST EN MOSTERD	85
INGREDIËNTEN	85
UITWERKING	85
TRUC	85
AARDAPPELOMELET IN SAUS	86
INGREDIËNTEN	86
UITWERKING	86
TRUC	87
PURRUSALDA	88

INGREDIËNTEN 88

UITWERKING 88

TRUC 88

GEBAKKEN AARDAPPELEN 90

INGREDIËNTEN 90

UITWERKING 90

TRUC 90

PADDESTOEL GEKRUIST 91

INGREDIËNTEN 91

UITWERKING 91

TRUC 91

EIEREN OP DE PLAAT MET ANSJOVIS EN OLIJVEN 92

INGREDIËNTEN 92

UITWERKING 92

TRUC 93

ROOM AARDAPPELS MET BACON EN PARMEZAAN 93

INGREDIËNTEN 93

UITWERKING 93

TRUC 94

GEKOOKTE EIEREN 94

INGREDIËNTEN 94

UITWERKING 94

TRUC 94

GERIMPELDE AARDAPPELEN 95

INGREDIËNTEN 95

UITWERKING 95

TRUC 95
GEPOCHEERDE EIEREN MET PADDESTOELEN, GARNALEN EN TRIGUEROS 96
    INGREDIËNTEN 96
    UITWERKING 96
    TRUC 97
ROERAARDAPPEL MET CHORIZO EN GROENE PEPER 98
    INGREDIËNTEN 98
    UITWERKING 98
    TRUC 98
AARDAPPELEN VOOR DE ARMEN 99
    INGREDIËNTEN 99
    UITWERKING 99
    TRUC 99
GROOTHertog GESTOCHEERDE EIEREN 100
    INGREDIËNTEN 100
    UITWERKING 100
    TRUC 101
AARDAPPELEN MET RIBBEN 102
    INGREDIËNTEN 102
    UITWERKING 102
    TRUC 103
GEBRADEN EIEREN 103
    INGREDIËNTEN 103
    UITWERKING 103
    TRUC 104

HAZELNOOT AARDAPPELS 104
    INGREDIËNTEN 104
    UITWERKING 104
    TRUC 104

MOLLE EIEREN 106
    INGREDIËNTEN 106
    UITWERKING 106
    TRUC 106

AARDAPPELEN RIOJANA'S STIJL 107
    INGREDIËNTEN 107
    UITWERKING 107
    TRUC 108

AARDAPPELEN MET SEPIA 108
    INGREDIËNTEN 108
    UITWERKING 108
    TRUC 109

KNOFLOOKGARNALENOMELET 110
    INGREDIËNTEN 110
    UITWERKING 110
    TRUC 110

STOOF AARDAPPELS MET KABELJAUW 111
    INGREDIËNTEN 111
    UITWERKING 111
    TRUC 111

AARDAPPELPUREE 112
    INGREDIËNTEN 112

UITWERKING	112
TRUC	112

BONENOMELET MET BLOEDWORST 113
INGREDIËNTEN	113
UITWERKING	113
TRUC	113

GEVULD MET KNOFLOOK EN TRIGUEROS 115
INGREDIËNTEN	115
UITWERKING	115
TRUC	115

STOOF AARDAPPELEN MET HAKSIERS 116
INGREDIËNTEN	116
UITWERKING	116
TRUC	116

BOLETUS EN GARNALENOMELET 118
INGREDIËNTEN	118
UITWERKING	118
TRUC	118

GEGRATINEERDE EIEREN 119
INGREDIËNTEN	119
UITWERKING	119
TRUC	119

COURGETTE EN TOMATENOMELET 120
INGREDIËNTEN	120
UITWERKING	120
TRUC	120

REVOLKONA AARDAPPELEN MET TORREZNOS 121
    INGREDIËNTEN 121
    UITWERKING 121
    TRUC 122

PADDESTOEL- EN PARMEZAANSE OMELET 123
    INGREDIËNTEN 123
    UITWERKING 123
    TRUC 123

KIPPENHAMS MET WHISKY 124
    INGREDIËNTEN 124
    UITWERKING 124
    TRUC 125

GEROOSTERDE EEND 125
    INGREDIËNTEN 125
    UITWERKING 125
    TRUC 126

VILLAROY KIPPENBORST 127
    INGREDIËNTEN 127
    UITWERKING 127
    TRUC 128

KIPPENBORST MET CITROEN-MOSTERDSAUS 129
    INGREDIËNTEN 129
    UITWERKING 129
    TRUC 130

GEROOSTERDE PINTADA MET PRUIMEN EN PADDESTOELEN 131
    INGREDIËNTEN 131

UITWERKING 131

TRUC 132

VILLAROY KIPBORST GEVULD MET GEKARAMELISEERDE PIQUILLOS MET MODENA AZIJN 133

INGREDIËNTEN 133

UITWERKING 133

TRUC 134

KIPPENBORSTJES GEVULD MET BACON, PADDESTOEL EN KAAS 135

INGREDIËNTEN 135

UITWERKING 135

TRUC 136

KIP IN ZOETE WIJN MET PRUIMEN 137

INGREDIËNTEN 137

UITWERKING 137

TRUC 138

ORANJE KIPPENBORSTJES MET CASHEWS 139

INGREDIËNTEN 139

UITWERKING 139

TRUC 139

ingelegde patrijs 140

INGREDIËNTEN 140

UITWERKING 140

TRUC 140

CACCIATORE KIP 141

INGREDIËNTEN 141

UITWERKING 141

TRUC 142
COCA Cola STIJL KIPPENVLEUGELS 143
    INGREDIËNTEN 143
    UITWERKING 143
    TRUC 143
KNOFLOOK KIP 144
    INGREDIËNTEN 144
    UITWERKING 144
    TRUC 145
KIP AL CHILINDRÓN 146
    INGREDIËNTEN 146
    UITWERKING 146
    TRUC 147
KWARTELS EN RODE VRUCHTEN GEMARINEERD 148
    INGREDIËNTEN 148
    UITWERKING 148
    TRUC 149
KIP MET CITROEN 150
    INGREDIËNTEN 150
    UITWERKING 150
    TRUC 151
KIP SAN JACOBO MET SERRANOHAM, CASAR CAKE EN RUGULA ... 152
    INGREDIËNTEN 152
    UITWERKING 152
    TRUC 152
GEBAKKEN KIPCURRY 153

INGREDIËNTEN 153

UITWERKING 153

TRUC 153

KIP IN RODE WIJN 154

INGREDIËNTEN 154

UITWERKING 154

TRUC 155

GEROOSTERDE KIP MET ZWART BIER 156

INGREDIËNTEN 156

UITWERKING 156

TRUC 157

PATRIDGE MET CHOCOLADE 158

INGREDIËNTEN 158

UITWERKING 158

TRUC 159

GEROOSTERDE KALKOENKWARTEREN MET RODE FRUITSAUS 160

INGREDIËNTEN 160

UITWERKING 160

TRUC 161

GEROOSTERDE KIP MET PERZIKSAUS 162

INGREDIËNTEN 162

UITWERKING 162

TRUC 163

KIPFILET GEVULD MET SPINAZIE EN MOZZARELLA 164

INGREDIËNTEN 164

UITWERKING 164

TRUC	164
GEROOSTERDE KIP MET CAVA	165
INGREDIËNTEN	165
UITWERKING	165
TRUC	165
KIPPENSPIESJES MET PINDASAUS	166
INGREDIËNTEN	166
UITWERKING	166
TRUC	167
KIP IN PEPITORIA	168
INGREDIËNTEN	168
UITWERKING	168
TRUC	169
ORANJE KIP	170
INGREDIËNTEN	170
UITWERKING	170
TRUC	171
GESTOKEN KIP MET BOLETUS	172
INGREDIËNTEN	172
UITWERKING	172
TRUC	173
GEBAKKEN KIP MET NOTEN EN SOJA	174
INGREDIËNTEN	174
UITWERKING	174
TRUC	175
CHOCOLADEKIP MET GEROOSTERDE ALMEDS	176

INGREDIËNTEN 176

UITWERKING 176

TRUC 177

LAMSPIESJES MET PAPRISON EN MOSTERDVINAIGRETTE 178

INGREDIËNTEN 178

UITWERKING 178

TRUC 179

RUNDVLEES GEVULD MET POORT 180

INGREDIËNTEN 180

UITWERKING 180

TRUC 181

GEVLEESBALLEN IN MADRILEÑA-STIJL 182

INGREDIËNTEN 182

UITWERKING 183

TRUC 183

CHOCOLADE RUNDVLEESWANGEN 184

INGREDIËNTEN 184

UITWERKING 184

TRUC 185

GECANDIEERDE VARKENSCAKE MET ZOETE WIJNSAUS 186

INGREDIËNTEN 186

UITWERKING 186

TRUC 187

KONIJN MET MARC 188

INGREDIËNTEN 188

UITWERKING 188

TRUC	189
GEVLEESBALLEN IN PEPITORIA HAZELNOOTSAUS	190
INGREDIËNTEN	190
UITWERKING	191
TRUC	191
SCALOPINES VAN RUNDVLEES MET ZWART BIER	192
INGREDIËNTEN	192
UITWERKING	192
TRUC	193
REIZEN IN MADRILEÑA-STIJL	194
INGREDIËNTEN	194
UITWERKING	194
TRUC	195
GEROOSTERDE VARKENSLENDE MET APPEL EN MUNT	196
INGREDIËNTEN	196
UITWERKING	196
TRUC	197
KIPPENGEHAKBALLEN MET FRAMBOZENSAUS	198
INGREDIËNTEN	198
UITWERKING	199
TRUC	199
LAMSSTOOFPOT	200
INGREDIËNTEN	200
UITWERKING	200
TRUC	201
HAZEN CIVET	202

INGREDIËNTEN 202

UITWERKING 202

TRUC 203

KONIJN MET PIJPERRADE 204

INGREDIËNTEN 204

UITWERKING 204

TRUC 204

KIPPENGEHAKTEBALLEN GEVULD MET KAAS MET KERRYSAUS 205

INGREDIËNTEN 205

UITWERKING 206

TRUC 206

VARKENSVLEESWANGEN IN RODE WIJN 207

INGREDIËNTEN 207

UITWERKING 207

TRUC 208

COCHIFRITO A LA NAVARRE 209

INGREDIËNTEN 209

UITWERKING 209

TRUC 210

Runderstoofpot Met Pindasaus 211

INGREDIËNTEN 211

UITWERKING 211

TRUC 212

GEROOSTERD VARKEN 213

INGREDIËNTEN 213

UITWERKING 213

- TRUC 213
- GEROOSTERDE KNOP MET KOOL 214
  - INGREDIËNTEN 214
  - UITWERKING 214
  - TRUC 214
- KONIJN CACCIATORE 215
  - INGREDIËNTEN 215
  - UITWERKING 215
  - TRUC 216
- KALFSESCALOPE MADRILEÑA STIJL 217
  - INGREDIËNTEN 217
  - UITWERKING 217
  - TRUC 217
- GESTOKEN KONIJN MET PADDESTOELEN 218
  - INGREDIËNTEN 218
  - UITWERKING 218
  - TRUC 219

GEMARINEERDE AUBERGRENZEN

INGREDIËNTEN

2 grote aubergines

3 eetlepels citroensap

3 eetlepels gehakte verse peterselie

2 eetlepels geperste knoflook

1 eetlepel gemalen komijn

1 eetlepel kaneel

1 eetlepel hete paprikapoeder

Olijfolie

Zout

UITWERKING

Snij de aubergines in de lengte in plakjes. Bestrooi met zout en laat 30 minuten op keukenpapier staan. Spoel met veel water en reserveer.

Giet een scheutje olie en zout over de aubergineplakken en bak ze 25 minuten op 175ºC.

Combineer de overige ingrediënten in een kom. Voeg de aubergines toe aan het mengsel en roer. Dek af en zet 2 uur in de koelkast.

TRUC

Om de aubergines hun bitterheid te laten verliezen, kunnen ze ook 20 minuten in melk met een beetje zout worden geweekt.

GEKRUIDE BABYBONEN MET SERRANOHAM

INGREDIËNTEN

1 pot babybonen in olie

2 teentjes knoflook

4 plakjes serranoham

1 bieslook

2 eieren

Zout en peper

UITWERKING

Giet de olie uit de bonen in een koekenpan. Fruit hierbij de in kleine stukjes gesneden ui, de gesneden knoflook en de ham in dunne reepjes. Verhoog het vuur, voeg de bonen toe en bak 3 minuten.

Klop de eieren apart en breng op smaak met zout en peper. Giet de eieren over de bonen en laat ze lichtjes stremmen zonder te stoppen met roeren.

TRUC

Voeg een beetje room of melk toe aan de losgeklopte eieren om ze meer smeltend te maken.

TRINXAT

INGREDIËNTEN

1 kg kool

1 kg aardappelen

100 g spek

5 teentjes knoflook

Olijfolie

Zout

UITWERKING

Verwijder de bladeren, was de kool en snij in dunne plakjes. Schil en snijd de aardappelen in vieren. Kook alles samen gedurende 25 min. Verwijder en pureer heet met een vork tot je een puree verkrijgt.

Fruit de gesneden knoflook en het in reepjes gesneden spek in een koekenpan. Voeg toe aan het vorige aardappeldeeg en bak 3 minuten aan elke kant alsof het een aardappelomelet is.

TRUC

De kool moet na het koken goed worden uitgelekt, anders wordt de trinxat niet goed bruin.

BROCCOLI GRATIN MET BACON EN AURORA SAUS

INGREDIËNTEN

150 g spek in reepjes

1 grote broccoli

Aurora-saus (zie het gedeelte Bouillon en Sauzen)

Olijfolie

Zout en peper

UITWERKING

Bak de spekreepjes goed in een pan en zet opzij.

Verdeel de broccoli in bosjes en kook ze in ruim water met zout gedurende 10 minuten of tot ze gaar zijn. Giet af en plaats op een bakplaat.

Leg het spek op de broccoli, daarna de Aurora-saus en gratineer op maximale temperatuur goudbruin.

TRUC

Om de geur van broccoli te minimaliseren, kun je een flinke scheut azijn aan het kookwater toevoegen.

DISTELS MET GARNALEN EN VESCHERMERS IN GROENE SAUS

INGREDIËNTEN

500 g gekookte distels

2 dl witte wijn

2 dl visbouillon

2 eetlepels gehakte verse peterselie

1 eetlepel bloem

20 mosselen

4 teentjes knoflook

1 ui

Olijfolie

Zout

UITWERKING

Snij de ui en knoflook in kleine stukjes. Bak langzaam gedurende 15 minuten met 2 eetlepels olie.

Voeg de bloem toe en bak 2 minuten onder voortdurend roeren. Verhoog het vuur, giet de wijn erbij en laat volledig inkoken.

Bevochtig met de fumet en kook gedurende 10 minuten op laag vuur, onder voortdurend roeren. Voeg de peterselie toe en breng op smaak met zout.

Voeg de eerder gereinigde mosselen en kardoen toe. Dek af en kook gedurende 1 minuut tot de mosselen opengaan.

TRUC

Peterselie mag niet te gaar worden, zodat hij zijn kleur niet verliest en bruin wordt.

GEKARAMELISEERDE UI

INGREDIËNTEN

2 grote uien

2 eetlepels suiker

1 theelepel Modena- of Sherryazijn

UITWERKING

Fruit de julienne uien langzaam, afgedekt, tot ze transparant zijn.

Ontdek en kook tot ze bruin worden. Voeg de suiker toe en kook nog 15 minuten. Baad met azijn en kook nog eens 5 minuten.

TRUC

Om een omelet te maken met deze hoeveelheid gekarameliseerde ui, gebruik je 800 g aardappelen en 6 eieren.

PADDESTOELEN GEVULD MET SERRANOHAM EN PESTOSAUS

INGREDIËNTEN

500 g verse champignons

150 g serranoham

1 lente-ui, fijngehakt

Pestosaus (zie het gedeelte Bouillon en Sauzen)

UITWERKING

Snij de ui en de ham zeer fijn. Bak ze langzaam gedurende 10 minuten. Laat ze afkoelen.

Maak de stam van de champignons schoon en verwijder deze. Bak ze 5 minuten ondersteboven in een pan.

Vul de champignons met de ham en bieslook, doe er een beetje pestosaus over en bak ongeveer 5 minuten op 200ºC.

TRUC

Het is niet nodig om zout toe te voegen, aangezien de ham en de pestosaus een beetje zout zijn.

BLOEMKOOL MET KNOFLOOK

INGREDIËNTEN

1 grote bloemkool

1 eetlepel zoete paprika

1 eetlepel azijn

2 teentjes knoflook

8 eetlepels olijfolie

Zout

UITWERKING

Verdeel de bloemkool in bosjes en kook deze in ruim water met zout gedurende 10 minuten of tot ze gaar zijn.

Fileer de knoflook en bak deze bruin in de olie. Haal de pan van het vuur en voeg de paprika toe. Bak gedurende 5 seconden en voeg de azijn toe. Breng op smaak met zout en breng op smaak met de saus.

TRUC

Om ervoor te zorgen dat de bloemkool minder ruikt als hij gaar is, voeg je 1 glas melk toe aan het water.

GERASPTE BLOEMKOOL

INGREDIËNTEN

100 g geraspte Parmezaanse kaas

1 grote bloemkool

2 eierdooiers

Bechamelsaus (zie het gedeelte Bouillon en Sauzen)

UITWERKING

Verdeel de bloemkool in bosjes en kook deze in ruim water met zout gedurende 10 minuten of tot ze gaar zijn.

Voeg toe aan de bechamelsaus (zodra het van het vuur is gehaald) terwijl je de dooiers en kaas blijft kloppen.

Doe de bloemkool in een bakvorm en saus met de bechamelsaus. Gratineer op maximale temperatuur tot het oppervlak goudbruin is.

TRUC

Wanneer geraspte kaas en eidooiers aan de bechamel worden toegevoegd, wordt het een nieuwe saus genaamd Mornay.

DUXELLE

INGREDIËNTEN

500 gram champignons

100 g boter

100 g bieslook (of uien)

Zout en peper

UITWERKING

Maak de champignons schoon en snijd ze in zo klein mogelijke stukjes.

Fruit de in zeer kleine stukjes gesneden uien in de boter en voeg de champignons toe. Sauteer totdat de vloeistof volledig verloren is gegaan. Seizoen.

TRUC

Het kan een perfecte begeleiding zijn, een vulling of zelfs een voorgerecht. Champignonduxelle met gepocheerde eieren, kipfilets gevuld met duxelle, enz.

ANDIJVIE MET GEROOKTE ZALM EN KABRALES

INGREDIËNTEN

200 gram room

150 gram gerookte zalm

100 g Cabrales-kaas

50 g gepelde walnoten

6 andijviekoppen

Zout en peper

UITWERKING

Verwijder de blaadjes van de andijvie, was ze goed met koud water en dompel ze 15 minuten in ijswater.

Meng de kaas, de in reepjes gesneden zalm, de walnoten, de room, het zout en de peper in een kom en vul de andijvie met deze saus.

TRUC

Andijvie wassen met koud water en weken in ijswater helpt de bitterheid weg te nemen.

LOMBARDA A LA SEGOVIANA

INGREDIËNTEN

40 g pijnboompitten

40 gram rozijnen

1 eetlepel paprikapoeder

3 teentjes knoflook

1 rode kool

1 Pepijnappel

Olijfolie

Zout

UITWERKING

Verwijder de centrale stengel en de buitenste bladeren van de rode kool en snij in juliennereepjes. Verwijder het klokhuis van de appel zonder de schil te verwijderen en snijd hem in vieren. Kook de rode kool, rozijnen en appel gedurende 90 min. Giet af en reserveer.

Snijd de knoflook in plakjes en bak ze bruin in een pan. Voeg de pijnboompitten toe en rooster ze. Voeg de paprika toe en voeg de rode kool toe met de rozijnen en de appel. Sauteer gedurende 5 minuten.

TRUC

Om te voorkomen dat de rode kool kleur verliest, begin je met kokend water en voeg je een scheutje azijn toe.

SALADE VAN GEROOSTERDE PEPERS

INGREDIËNTEN

3 tomaten

2 aubergines

2 uien

1 rode paprika

1 kop knoflook

Azijn (optioneel)

Extra vergine olijfolie

Zout

UITWERKING

Verwarm de oven voor op 170ºC.

Was de aubergines, paprika's en tomaten en pel de uien. Leg alle groenten op een bakplaat en besprenkel met een flinke scheut olie. Rooster gedurende 1 uur en draai ze af en toe zodat ze gelijkmatig roosteren. Haal ze eruit zoals ze zijn gemaakt.

Laat de peper afkoelen, verwijder het vel en de zaadjes. Snij de paprika, uien en aubergines in julienne reepjes, ook zonder zaadjes. Druk lichtjes aan en verwijder de teentjes knoflook uit de geroosterde kop.

Meng alle groenten in een kom, breng op smaak met een snufje zout en de braadolie. Je kunt ook een paar druppels azijn toevoegen.

TRUC

Het is raadzaam om enkele inkepingen in de schil van de aubergine en tomaat te maken, zodat ze bij het braden niet barsten en ze zo gemakkelijker kunnen pellen.

FRANSE ERWTEN

INGREDIËNTEN

850 g schone erwten

250 g uien

90 g serranoham

90 g boter

1 l vleesbouillon

1 eetlepel bloem

1 schone sla

Zout

UITWERKING

Fruit de in kleine stukjes gesneden uien en de in blokjes gesneden ham in de boter. Voeg de bloem toe en bak 3 min.

Giet de bouillon erbij en laat nog 15 minuten koken, af en toe roeren. Voeg de erwten toe en kook gedurende 10 minuten op middelhoog vuur.

Voeg de fijne slajulienne toe en laat nog 5 minuten koken. Doe een snufje zout.

TRUC

Kook de erwten onafgedekt, zodat ze niet grijs worden. Als je tijdens het koken een snufje suiker toevoegt, komt de smaak van de erwten nog beter tot zijn recht.

ROOM SPINAZIE

INGREDIËNTEN

¾ kg verse spinazie

45 g boter

45 g bloem

½ l melk

3 teentjes knoflook

Nootmuskaat

Olijfolie

Zout en peper

UITWERKING

Maak een bechamelsaus met de gesmolten boter en de bloem. Laat 5 minuten zachtjes koken en voeg al roerend de melk toe. Kook gedurende 15 minuten en breng op smaak met zout, peper en nootmuskaat.

Kook de spinazie in ruim gezouten water. Giet af, koel af en druk goed aan zodat ze helemaal droog zijn.

Snijd de knoflook in kleine blokjes en bak 1 minuut in de olie. Voeg de spinazie toe en bak op middelhoog vuur gedurende 5 minuten.

Meng de spinazie met de bechamelsaus en kook, onder voortdurend roeren, nog eens 5 minuten.

TRUC

Serveer met wat geroosterde sneetjes brooddriehoekjes.

BABYKAMERS MET WITTE SAUTIFARRA

INGREDIËNTEN

1 pot babybonen in olie

2 teentjes knoflook

1 witte worst

1 bieslook

Olijfolie

Zout

UITWERKING

Giet de olie uit de bonen in een koekenpan. Fruit de ui en de knoflook, in kleine stukjes gesneden, in de olie en voeg de in blokjes gesneden worst toe.

Kook gedurende 3 minuten tot ze lichtbruin zijn. Verhoog het vuur, voeg de bonen toe en bak nog eens 3 minuten. Doe een snufje zout.

TRUC

Het kan ook gemaakt worden met jonge bonen. Om dit te doen, kookt u in koud water gedurende 15 minuten of tot ze gaar zijn. Verfris met water en ijs en schil. Maak vervolgens het recept op dezelfde manier.

SLABONEN MET HAM

INGREDIËNTEN

600 g sperziebonen

150 g serranoham

1 theelepel paprikapoeder

5 tomaten

3 teentjes knoflook

1 ui

Olijfolie

Zout

UITWERKING

Verwijder de zijkanten en uiteinden van de bonen en snijd ze in grote stukken. Kook in kokend water 12 min. Giet af, koel af en bewaar.

Snij de ui en knoflook in kleine stukjes. Bak langzaam gedurende 10 minuten en voeg de serranoham toe. Bak nog 5 minuten. Voeg de paprika en de geraspte tomaten toe en bak tot ze al hun water verloren hebben.

Voeg de sperziebonen toe aan de saus en kook nog 3 minuten. Doe een snufje zout.

TRUC

Je kunt de serranoham vervangen door chorizo.

LAMSSTOOFPOT

INGREDIËNTEN

450 g lamsvlees

200 g sperziebonen

150 g gepelde tuinbonen

150 g erwten

2 l vleesbouillon

2 dl rode wijn

4 artisjokharten

3 teentjes knoflook

2 grote tomaten

2 grote aardappelen

1 groene paprika

1 rode paprika

1 ui

Olijfolie

Zout en peper

UITWERKING

Snijd het lamsvlees, breng het op smaak en bak het bruin op hoog vuur. Verwijderen en reserveren.

Fruit de knoflook en de ui, in kleine stukjes gesneden, langzaam in dezelfde olie gedurende 10 minuten. Voeg de geraspte tomaten toe en kook tot het water volledig is verdampt. Bevochtig met wijn en laat inkoken. Giet de bouillon erbij, voeg het lamsvlees toe en kook gedurende 50 minuten of tot het vlees gaar is. Seizoen.

Bak apart de in blokjes gesneden paprika, de erwten, de in vieren gesneden artisjokken, de snijbonen in 8 stukken en de tuinbonen in een andere pan. Giet de lamsbouillon erbij en breng langzaam aan de kook gedurende 5 minuten. Voeg de geschilde en in blokjes gesneden aardappelen toe. Kook tot het zacht is. Voeg het lamsvlees en een beetje bouillon van het koken toe.

TRUC

Kook de erwten onafgedekt, zodat hun kleur niet grijs wordt.

AUBERGINA MILLEFEULET MET GEITENKAAS, HONING EN CURRY

INGREDIËNTEN

200 g geitenkaas

1 aubergine

Honing

Kerrie

Meel

Olijfolie

Zout

UITWERKING

Snijd de aubergine in dunne plakjes, leg deze op absorberend papier en zout aan beide kanten. Laat het 20 minuten rusten. Verwijder overtollig zout, bestuif met bloem en bak.

Snijd de kaas in dunne plakjes. Verzamel lagen aubergine en kaas. Bak gedurende 5 minuten op 160ºC.

Bord en voeg 1 theelepel honing en een snufje curry toe aan elk plakje aubergine.

TRUC

Door de aubergines te snijden en met zout te laten zitten, wordt alle bitterheid geëlimineerd.

WITTE ASPERGES EN GEROOKTE ZALMCAKE

INGREDIËNTEN

400 g asperges uit blik

200 gram gerookte zalm

½ l room

4 eieren

Meel

Olijfolie

Zout en peper

UITWERKING

Meng alle ingrediënten tot je een fijn deeg verkrijgt. Zeef om de aspergestrengen te vermijden.

Giet het in vooraf ingevette en met bloem bestoven individuele vormen. Bak gedurende 20 minuten op 170ºC. Het kan warm of koud worden ingenomen.

TRUC

Een perfecte aanvulling is een mayonaise gemaakt met gemalen verse basilicumblaadjes.

PIQUILLO PEPERS GEVULD MET ZWART KUTJE MET ZOETE MOSTERDSAUS

INGREDIËNTEN

125 ml room

8 eetlepels mosterd

2 eetlepels suiker

12 piquillo-pepers

2 bloedworsten

Rondsels

Meel en eieren (voor coating)

Olijfolie

UITWERKING

Verkruimel de bloedworst en bak deze met een handvol pijnboompitten in een hete pan. Laat ze afkoelen en vul de paprika's. Haal het door de bloem en het ei en bak het in voldoende olie.

Kook de room met de mosterd en de suiker tot hij dikker wordt. Serveer de paprika's met de hete saus.

TRUC

Je moet de paprika's beetje bij beetje en met zeer hete olie bakken.

DISTELS MET AMANDELSAUS

INGREDIËNTEN

900 g gekookte distels

75 g gegranuleerde amandelen

50 g bloem

50 g boter

1 l kippenbouillon

1 dl witte wijn

1dl room

1 eetlepel gehakte verse peterselie

2 teentjes knoflook

2 eierdooiers

1 ui

Olijfolie

Zout en peper

UITWERKING

Bak de amandelen en de bloem langzaam in de boter gedurende 3 minuten. Giet al roerend de kippenbouillon erbij en kook nog 20 minuten. Voeg de room toe en voeg van het vuur de dooiers toe terwijl je blijft kloppen. Seizoen.

Bak apart de ui en knoflook, in kleine blokjes gesneden, in olie. Voeg de distels toe, zet het vuur hoger en voeg de wijn toe. Laat het volledig verminderen.

Voeg de bouillon toe aan de distel en serveer met peterselie erbovenop.

TRUC

Laat de saus niet oververhitten nadat de dooiers zijn verwerkt, zodat ze niet gaan schiften en de saus klonterig blijft.

PISTO

INGREDIËNTEN

4 rijpe tomaten

2 groene paprika's

2 courgettes

2 uien

1 rode paprika

2-3 teentjes knoflook

1 theelepel suiker

Olijfolie

Zout

UITWERKING

Blancheer de tomaten, verwijder het vel en snijd ze in blokjes. Schil en snijd ook de uien en courgette in blokjes. Maak de paprika's schoon van de zaadjes en snijd het vlees in blokjes.

Fruit de knoflook en uien in een beetje olie gedurende 2 minuten. Voeg de paprika toe en bak nog 5 minuten. Voeg de courgette toe en bak nog een paar minuten. Voeg als laatste de tomaten toe en kook tot ze al hun water kwijt zijn. Pas de suiker en het zout aan en breng aan de kook.

TRUC

Je kunt geplette tomaten uit blik of een goede tomatensaus gebruiken.

PREI MET GROENTENVINAIGRETTE

INGREDIËNTEN

8 preien

2 teentjes knoflook

1 groene paprika

1 rode paprika

1 bieslook

1 komkommer

12 eetlepels olie

4 eetlepels azijn

Zout en peper

UITWERKING

Snijd de paprika, bieslook, knoflook en komkommer fijn. Meng met de olie, azijn, zout en peper. Verwijderen.

Maak de prei schoon en kook deze gedurende 15 minuten in kokend water. Verwijder, droog en snijd ze elk in 3 stukken. Bord en saus met de vinaigrette.

TRUC

Maak een vinaigrette van tomaat, bieslook, kappertjes en zwarte olijven. Gratineer de prei met mozzarella en sauteer. Verrukkelijk.

PREI, BACON EN KAAS QUICHE

INGREDIËNTEN

200 g Manchego-kaas

1 l room

8 eieren

6 grote preien, schoongemaakt

1 pakje gerookt spek

1 pakje diepvriesbladerdeeg

Meel

Olijfolie

Zout en peper

UITWERKING

Vet een vorm in, bebloem deze en bekleed deze met bladerdeeg. Leg aluminiumfolie en peulvruchten erop om te voorkomen dat het gaat rijzen en bak gedurende 15 minuten op 185ºC.

Fruit ondertussen langzaam de fijngesneden prei. Voeg het fijngesneden spek toe.

Meng de losgeklopte eieren met de room, prei, spek en geraspte kaas. Breng op smaak met peper en zout, doe dit mengsel op het bladerdeeg en bak het op 165ºC gedurende 45 minuten of tot het stevig is.

TRUC

Om te controleren of de quiche gaar is, prikt u met een naald in het midden. Als deze er droog uitkomt, is dit een teken dat de cake al gaar is.

TOMATEN OP PROVENCAALSE STIJL

INGREDIËNTEN

100 g paneermeel

4 tomaten

2 teentjes knoflook

Peterselie

Olijfolie

Zout en peper

UITWERKING

Pel de knoflook, snijd hem in kleine stukjes en meng met het paneermeel. Snij de tomaten doormidden en verwijder de zaadjes.

Verhit de olie in een koekenpan en voeg de tomaten toe met de gesneden kant naar beneden. Wanneer de huid aan de randen begint op te tillen, draait u hem om. Kook nog 3 minuten en plaats ze in een ovenschaal.

Bak het brood-knoflookmengsel in dezelfde pan bruin. Eenmaal geroosterd, strooi ze over de tomaten. Verwarm de oven voor op 180ºC en bak ze gedurende 10 minuten. Zorg ervoor dat ze niet uitdrogen.

TRUC

Het wordt meestal als bijgerecht gegeten, maar ook als hoofdgerecht vergezeld van licht gebakken mozzarella.

GEVULDE UIEN

INGREDIËNTEN

125 gram rundergehakt

125 g spek

2 eetlepels tomatensaus

2 eetlepels paneermeel

4 grote uien

1 ei

Olijfolie

Zout en peper

UITWERKING

Bak het gehakte spek en het gezouten gehakt tot het zijn roze kleur verliest. Voeg de tomaat toe en kook nog 1 minuut.

Meng het vlees met het ei en het paneermeel.

Verwijder de eerste laag uien en hun basis. Kook onder water gedurende 15 minuten. Droog, verwijder het midden en vul met het vlees. Bak 15 minuten op 175ºC.

TRUC

Je kunt een Mornay-saus maken door de helft van de melk te vervangen door het water van het koken van de uien. Saus erover en gratineren.

ROOM PADDESTOELEN MET OKERNOTEN

INGREDIËNTEN

1 kg diverse champignons

250 ml room

125 ml cognac

2 teentjes knoflook

Walnoten

Olijfolie

Zout en peper

UITWERKING

Fruit de gesneden knoflook in een pan. Verhoog het vuur en voeg de schoongemaakte champignons toe, in reepjes gesneden. Sauteer gedurende 3 minuten.

Bevochtig met cognac en laat inkoken. Giet de room erbij en laat nog 5 minuten zachtjes koken. Verpletter een handvol walnoten in een vijzel en giet ze eroverheen.

TRUC

Een goede optie zijn gekweekte en zelfs gedroogde paddenstoelen.

TOMATEN- EN BASILICUMCAKE

INGREDIËNTEN

½ l room

8 eetlepels tomatensaus (zie het gedeelte Bouillon en Sauzen)

4 eieren

8 verse basilicumblaadjes

Meel

Olijfolie

Zout en peper

UITWERKING

Meng alle ingrediënten tot je een homogene pasta verkrijgt.

Verwarm de oven voor op 170ºC. Giet het in individuele, vooraf met bloem bestoven en ingevette vormen en bak gedurende 20 minuten.

TRUC

Het is een goede optie om overgebleven tomatensaus uit een ander recept te gebruiken.

AARDAPPELSTEW MET KERRIEKIP

INGREDIËNTEN

1 kg aardappelen

½ l kippenbouillon

2 kipfilets

1 eetlepel kerrie

2 teentjes knoflook

2 tomaten

1 ui

1 laurierblad

Olijfolie

Zout en peper

UITWERKING

Snijd de borsten in middelgrote blokjes. Breng op smaak met peper en zout en bak bruin in hete olie. Afhalen en reserveren.

Fruit de ui en knoflook, in kleine blokjes gesneden, in dezelfde olie op laag vuur gedurende 10 minuten. Voeg de curry toe en bak nog een minuut. Voeg de geraspte tomaten toe, zet het vuur hoger en kook tot de tomaat al zijn water verliest.

Schil en schil de aardappelen. Voeg ze toe aan de saus en kook gedurende 3 minuten. Baad met de bouillon en het laurierblad. Kook op laag vuur tot de aardappel gaar is en breng op smaak met peper en zout.

TRUC

Haal er een beetje bouillon en een paar aardappelen uit en pureer ze met een vork tot puree. Doe het terug in de stoofpot en kook gedurende 1 minuut, onder voortdurend roeren. Hierdoor wordt de bouillon dikker zonder dat er bloem nodig is.

GEKOOKTE EIEREN

INGREDIËNTEN

8 eieren

Geroosterd brood

Zout en peper

UITWERKING

Doe de eieren in een pan met koud water en zout. Kook tot het water licht kookt. Laat 3 min. in brand staan.

Verwijder het ei en koel af in water en ijs. Kraak voorzichtig de bovenste schaal alsof het een hoed is. Breng op smaak met peper en zout en serveer met geroosterde broodstengels.

TRUC

Het is belangrijk dat het ei de eerste minuut beweegt, zodat de dooier in het midden zit.

AARDAPPELEN VAN BELANG

INGREDIËNTEN

1 kg aardappelen

¾ l visbouillon

1 klein glas witte wijn

1 eetlepel bloem

2 teentjes knoflook

1 ui

Meel en ei (voor coating)

Peterselie

Olijfolie

UITWERKING

Schil de aardappelen en snijd ze in niet al te dikke plakjes. Bloem en dip in ei. Bak en zet opzij.

Bak de ui en knoflook apart, in kleine stukjes gesneden. Voeg de eetlepel bloem toe, bak deze en baad met de wijn. Laat het inkoken tot het bijna droog is en bevochtig met de fumet. Kook gedurende 15 minuten op laag vuur. Breng op smaak met zout en voeg de peterselie toe.

Voeg de aardappelen toe aan de saus en kook ze tot ze gaar zijn.

TRUC

Je kunt een paar stukjes zeeduivel of heek en garnalen toevoegen.

MOLLET EIEREN MET BOLETUS

INGREDIËNTEN

8 eieren

150 g gedehydrateerde boletus

50 g boter

50 g bloem

1 dl zoete wijn

2 teentjes knoflook

Nootmuskaat

Azijn

Olie

Zout en peper

UITWERKING

Hydrateer de boletus gedurende ongeveer 1 uur in 1 l heet water. Kook ondertussen de eieren in kokend water met zout en azijn gedurende 5 minuten. Verwijder en verfris onmiddellijk in ijskoud water. Schil voorzichtig.

Zeef de boletus en bewaar het water. Snijd de knoflook in plakjes en bak ze lichtbruin in olie. Voeg de boletus toe en kook 2 minuten op hoog vuur. Breng op smaak met peper en zout en baad met de zoete wijn tot deze inkookt en de saus droog blijft.

Smelt de boter met de bloem in een pan. Bak op laag vuur gedurende 5 minuten zonder te stoppen met roeren. Giet het water om de boletus te hydrateren. Kook gedurende 15 minuten op laag vuur, onder voortdurend roeren. Breng op smaak met peper en zout en voeg nootmuskaat toe.

Bord door de boletus op de bodem te plaatsen, vervolgens de eieren en breng op smaak met de saus er bovenop.

TRUC

Het mollet-ei moet worden achtergelaten met gestremde witte en vloeibare dooier.

AARDAPPEL EN WIT WAPEN

INGREDIËNTEN

1 kg aardappelen

600 g wijting zonder bot of vel

4 eetlepels tomatensaus

1 grote ui

2 teentjes knoflook

1 laurierblad

Brandi

Olijfolie

Zout en peper

UITWERKING

Schil de aardappelen, snijd ze in vieren en kook ze 30 minuten in gezouten water. Giet ze af en haal ze door de voedselmolen. Verdeel de puree over plasticfolie en zet opzij.

Snijd de ui en knoflook fijn. Bak op middelhoog vuur gedurende 5 minuten en voeg het laurierblad en de gehakte en gezouten wijting toe. Bak nog eens 5 minuten zonder te stoppen met roeren, voeg een scheutje cognac toe en laat inkoken. Voeg de tomatensaus toe en kook nog een minuut. Laten afkoelen.

Verdeel de wijting over de aardappelbodem, wikkel het in de vorm van een zigeunerarm en zet het in de koelkast tot het klaar is om te serveren.

TRUC

Het kan worden gemaakt met elke verse of bevroren vis. Serveer met roze saus of aioli.

OMELETTE MET GEKOOKTE (ROPA VIEJA)

INGREDIËNTEN

125 g bloedworst

100 g kip of kip

60 g kool

60 g spek

1 theelepel paprikapoeder

3 teentjes knoflook

1 bloedworst

1 chorizo

1 ui

2 eetlepels olijfolie

Zout

UITWERKING

Snijd de ui en knoflook in kleine stukjes. Bak op laag vuur gedurende 10 minuten. Snijd het stoofvlees en de kool fijn en voeg dit toe aan de ui. Kook op middelhoog vuur tot het vlees goudbruin en geroosterd is.

Klop de eieren los en voeg ze toe aan het vlees. Zout aanpassen.

Verhit een koekenpan goed, voeg de olie toe en leg de tortilla aan beide kanten.

TRUC

Begeleiden met een goede komijn-tomatensaus.

AARDAPPELEN GEVULD MET GEROOKTE ZALM, BACON EN AUPLANT

INGREDIËNTEN

4 middelgrote aardappelen

250 g spek

150 g Parmezaanse kaas

200 gram gerookte zalm

½ l room

1 aubergine

Olijfolie

Zout en peper

UITWERKING

Was de aardappelen goed en kook ze in de schil op middelhoog vuur gedurende 25 minuten of tot ze gaar zijn. Giet af, snij doormidden en leeg, laat een dun laagje achter. Bewaar de hele aardappelen en de lege delen.

Bak het spek in dunne reepjes bruin in een hete koekenpan. Verwijderen en reserveren. Pocheer de aubergine, in kleine blokjes gesneden, in dezelfde olie gedurende 15 minuten of tot ze zacht zijn.

Giet de lege aardappelen, gepocheerde aubergine, spek, in reepjes gesneden zalm, parmezaanse kaas en room in een pan. Kook gedurende 5 minuten op middelhoog vuur en breng op smaak met zout en peper.

Vul de aardappelen met het vorige mengsel en gratineer ze op 180ºC tot ze goudbruin zijn.

TRUC

Met dezelfde vulling kun je een aantal aubergines maken.

AARDAPPEL- EN KAASKROKETTEN

INGREDIËNTEN

500 gram aardappelen

150 g geraspte Parmezaanse kaas

50 g boter

Meel, ei en paneermeel (voor coating)

2 eierdooiers

Nootmuskaat

Zout en peper

UITWERKING

Schil de aardappelen, snijd ze in vieren en kook de aardappelen op middelhoog vuur met water en zout gedurende 30 minuten. Giet af en passeer door de voedselmolen. Voeg terwijl het heet is de boter, dooiers, zout, peper, nootmuskaat en Parmezaanse kaas toe. Laten afkoelen.

Maak balletjes zoals kroketten en haal ze door bloem, losgeklopt ei en paneermeel. Bak in voldoende olie goudbruin.

TRUC

Doe voor het bedekken 1 theelepel tomatensaus en een klein stukje vers gekookte worst in het midden van de kroket. Ze zijn verrukkelijk.

GOEDE FRIETJES

INGREDIËNTEN

1 kg late of halflate aardappelen (zure of monalisa-variëteit)

1 liter olijfolie

Zout

UITWERKING

Schil de aardappelen en snijd ze in gewone plakken. Was ze in ruim koud water totdat het er volledig transparant uitkomt. Droog goed.

Verhit de olie in een koekenpan op middelhoog vuur, ongeveer 150ºC. Wanneer het lichtjes maar constant begint te borrelen, voeg je de aardappelen toe en bak je ze tot ze heel zacht zijn, maar pas op dat je ze niet breekt.

Verhoog het vuur tot het maximum terwijl de olie erg heet is en voeg in verschillende batches de aardappelen toe en roer met een schuimspaan. Bak tot ze goudbruin en knapperig zijn. Verwijder overtollige olie en zout en laat het uitlekken.

TRUC

Beide olietemperaturen zijn belangrijk. Hierdoor zijn ze heerlijk zacht van binnen en krokant van buiten. Voeg op het einde het zout toe.

EIEREN FLORENTIJNSE STIJL

INGREDIËNTEN

8 eieren

800 gram spinazie

150 g gerookte ham

1 teentje knoflook

Bechamelsaus (zie het gedeelte Bouillon en Sauzen)

Zout

UITWERKING

Kook de spinazie 5 minuten in kokend gezouten water. Koel af en knijp zodat ze al het water verliezen. Snijd fijn en zet opzij.

Snijd de knoflook en bak 1 minuut op middelhoog vuur. Voeg de in blokjes gesneden ham toe en kook nog 1 minuut. Verhoog het vuur, voeg de spinazie toe en kook nog 5 minuten. Verdeel vervolgens de spinazie over 4 kleipotten.

Giet 2 van de gebroken eieren op de spinazie. Saus met de bechamelsaus en bak 8 minuten op 170ºC.

TRUC

Bereidingen gemaakt met spinazie worden Florentijns genoemd.

AARDAPPELSTEW MET MONKNHAND EN GARNALEN

INGREDIËNTEN

4 aardappelen

300 g schone zeeduivel zonder graat

250 g gepelde garnalen

½ l visbouillon

1 glas witte wijn

1 eetlepel chorizo-peperpulp

1 theelepel paprikapoeder

8 strengen saffraan

3 sneetjes toast

2 teentjes knoflook

1 ui

Olijfolie

Zout en peper

UITWERKING

Fruit de ui en de fijngehakte knoflook op laag vuur gedurende 10 minuten. Voeg de sneetjes brood toe en bak bruin. Voeg de saffraan, paprika en chorizopeper toe. Bak 2 minuten.

Giet de aardappelen af en voeg ze toe aan de saus. Bak 3 minuten. Giet de wijn erbij en laat volledig inkoken.

Giet de bouillon erbij en kook op laag vuur tot de aardappelen bijna gaar zijn. Voeg de in stukjes gesneden zeeduivel en de gepelde garnalen toe. Kruid en kook nog 2 minuten. Laat het 5 minuten rusten van het vuur.

TRUC

Aardappelen cacheren betekent dat je ze in uniforme stukken scheurt zonder ze volledig te snijden. Hierdoor wordt de bouillon dikker.

EIEREN IN FLAMENCO-STIJL

INGREDIËNTEN

8 eieren

200 g tomatensaus

1 klein blikje piquillo-pepers

4 eetlepels gekookte erwten

4 plakjes serranoham

4 dikke plakken chorizo

4 asperges uit blik

UITWERKING

Verdeel de tomatensaus over 4 kleipotten. Doe er 2 gebroken eieren in en verdeel de erwten, chorizo en ham in stukjes en de paprika's en asperges in reepjes in verschillende kleine stapeltjes.

Bak op 190ºC tot de eieren lichtjes gestold zijn.

TRUC

Het kan worden gemaakt met botifarra en zelfs verse worst.

TORTILLA PAISANA

INGREDIËNTEN

6 eieren

3 grote aardappelen

25 g gekookte erwten

25 gram chorizo

25 g serranoham

1 groene paprika

1 rode paprika

1 ui

Olijfolie

Zout en peper

UITWERKING

Snij de ui en paprika in kleine stukjes. Snij de geschilde aardappelen in zeer dunne plakjes. Fruit de aardappelen met de ui en paprika op middelhoog vuur.

Fruit de chorizo en ham, verdeeld in kleine taco's. Giet de aardappelen af met de uien en paprika. Combineer met de chorizo en ham. Voeg de erwten toe.

Klop de eieren los, breng op smaak met peper en zout en meng met de aardappelen en de rest van de ingrediënten. Verhit een middelgrote koekenpan goed, voeg het vorige mengsel toe en zet aan beide kanten.

TRUC

Je moet het een beetje stremmen, want met de restwarmte is het gaar. Op deze manier wordt het sappiger.

GEBAKKEN EIEREN MET WORST EN MOSTERD

INGREDIËNTEN

8 eieren

2 gerookte Duitse worsten

5 eetlepels mosterd

4 eetlepels room

2 augurken

Zout en peper

UITWERKING

Meng de fijngesneden augurken met de mosterd en room.

Snijd de worsten fijn in de bodem van 4 kleipotten. Giet de mosterdsaus erover en vervolgens 2 gebroken eieren in elk ei. Seizoen.

Bak op 180ºC tot het eiwit gestold is.

TRUC

Voeg 2 eetlepels geraspte Parmezaanse kaas en een paar takjes verse tijm toe aan het mosterd-roommengsel.

AARDAPPELOMELET IN SAUS

INGREDIËNTEN

7 grote eieren

800 g aardappelen om te bakken

1 dl witte wijn

¼ l kippenbouillon

1 eetlepel verse peterselie

1 theelepel paprikapoeder

1 theelepel bloem

3 teentjes knoflook

Virgin olijfolie

Zout

UITWERKING

Snijd de knoflook fijn en bak op middelhoog vuur gedurende 3 minuten, zonder dat hij te bruin wordt. Voeg de bloem toe en bak 2 min. Voeg de paprika toe en bak 5 seconden. Bevochtig met de wijn en laat volledig inkoken. Giet de bouillon erbij en kook op laag vuur gedurende 10 minuten, af en toe roerend. Breng op smaak met zout en bestrooi met peterselie.

Aardappels schillen. Snij ze in de lengte in vieren en deze weer in dunne plakjes. Bak ze tot ze zacht en licht goudbruin zijn.

Klop de eieren los en breng op smaak met zout. Giet de aardappelen goed af en voeg ze toe aan de losgeklopte eieren. Zout aanpassen.

Verhit een koekenpan, doe 3 eetlepels olie waarmee de aardappelen zijn gebakken en voeg het ei-aardappelmengsel toe. Roer 15 s op hoog vuur. Draai het om met een bord. Verhit de pan opnieuw en voeg nog eens 2 eetlepels olie toe om de aardappelen te bakken. Voeg de tortilla toe en bak op hoog vuur gedurende 15 seconden. Breng op smaak met zout en kook op laag vuur gedurende 5 minuten.

TRUC

Voor dit soort recepten kun je de bouillon gebruiken die overblijft van stoofschotels of rijst.

PURRUSALDA

INGREDIËNTEN

1 kg aardappelen

200 g ontzoute kabeljauw

100 ml witte wijn

3 middelgrote preien

1 grote ui

UITWERKING

Kook de kabeljauw in 1 liter koud water gedurende 5 minuten. Haal de kabeljauw eruit, verkruimel hem en verwijder de botten. Reserveer het kookwater.

Snijd de ui in juliennereepjes en bak deze in een pan op laag vuur gedurende ongeveer 20 minuten. Snijd de prei in iets dikke plakjes en voeg deze toe aan de ui. Pocheer nog eens 10 min.

Cache (scheur, niet snijden) de aardappelen en voeg ze toe aan de stoofpot als de prei gepocheerd is. Fruit de aardappelen een beetje, zet het vuur hoger en voeg witte wijn toe. Laat het verminderen.

Maak de stoofpot nat met het kookwater van de kabeljauw, breng op smaak met zout (het moet een beetje flauw zijn) en kook tot de aardappelen zacht zijn. Voeg de kabeljauw toe en bak nog 1 minuut. Pas het zout aan en laat het afgedekt 5 minuten rusten.

TRUC

Maak van dit stoofpotje een crème. Het is alleen nodig om te pletten en te spannen. Verrukkelijk.

GEBAKKEN AARDAPPELEN

INGREDIËNTEN

500 gram aardappelen

1 glas witte wijn

1 kleine ui

1 groene paprika

Olijfolie

Zout

UITWERKING

Schil en snijd de aardappelen in dunne plakjes. Snijd de ui en paprika in juliennereepjes. Zet op een bakplaat. Zout en goed bestrijken met olie. Roer zodat alles goed bedekt is en dek af met aluminiumfolie.

Rooster op 160ºC gedurende 1 uur. Haal het eruit, verwijder het papier en giet het glas wijn erover.

Bak onafgedekt nog 15 minuten op 200ºC.

TRUC

Je kunt de wijn vervangen door ½ glas water, ½ glas azijn en 2 eetlepels suiker.

PADDESTOEL GEKRUIST

INGREDIËNTEN

8 eieren

500 g champignons, schoongemaakt en in plakjes gesneden

100 g serranoham in blokjes

8 sneetjes toast

2 teentjes knoflook

Olijfolie

UITWERKING

Snijd de knoflook in plakjes en bak ze samen met de hamblokjes lichtbruin, zonder te laten kleuren. Verhoog het vuur, voeg de schoongemaakte en in plakjes gesneden champignons toe en bak ze 2 minuten.

Giet de losgeklopte eieren erbij, onder voortdurend roeren, tot ze licht gestremd en gesmolten zijn.

TRUC

Het is niet nodig om zout toe te voegen, omdat de serranoham daarvoor zorgt.

EIEREN OP DE PLAAT MET ANSJOVIS EN OLIJVEN

INGREDIËNTEN

8 eieren

500 gram tomaten

40 g ontpitte zwarte olijven

12 ansjovis

10 kappertjes

3 teentjes knoflook

1 bieslook

Oregano

Suiker

Olijfolie

Zout

UITWERKING

Snij de knoflook en bieslook fijn. Pocheer op laag vuur gedurende 10 minuten.

De tomaten schillen, ontpitten en in kleine blokjes snijden. Voeg de gebakken knoflook en ui toe. Verhoog het vuur en kook tot de tomaat al zijn water verliest. Pas zout en suiker aan.

Verdeel de tomaat in kleipotten. Leg 2 gebroken eieren en giet de rest van de gehakte ingrediënten erover. Bak op 180ºC tot het eiwit gestold is.

TRUC

Door suiker toe te voegen aan recepten die tomaten bevatten, wordt de zuurgraad die het oplevert in evenwicht gebracht.

ROOM AARDAPPELS MET BACON EN PARMEZAAN

INGREDIËNTEN

1 kg aardappelen

250 g spek

150 g Parmezaanse kaas

300 ml room

3 uien

Nootmuskaat

Olijfolie

Zout en peper

UITWERKING

Meng de room met de kaas, zout, peper en nootmuskaat in een kom.

Schil en snijd de aardappelen en uien in dunne plakjes. Bak in een pan tot ze zacht zijn. Giet af en breng op smaak met peper en zout.

Bak het in reepjes gesneden spek apart bruin en voeg het toe aan de aardappelpan.

Doe de aardappelen in een schaal, bedek ze met het roommengsel en bak ze op 175ºC tot ze goudbruin zijn.

TRUC

Dit recept kan ook worden bereid zonder de aardappelen te pocheren. Het enige wat je hoeft te doen is ze 1 uur bakken op 150ºC.

GEKOOKTE EIEREN

INGREDIËNTEN

8 eieren

Zout

UITWERKING

Kook de eieren in kokend water gedurende 11 minuten.

Verfris met water en ijs en schil.

TRUC

Om ze gemakkelijk te kunnen pellen, doe je veel zout in het kookwater en schil je ze direct na het afkoelen.

GERIMPELDE AARDAPPELEN

INGREDIËNTEN

1 kg kleine aardappelen

500 g grof zout

UITWERKING

Kook de aardappelen in gezouten water tot ze gaar zijn. Ze moeten volledig bedekt zijn met een extra vinger water. Giet de aardappelen af.

Voeg in dezelfde pan (ongewassen) de aardappelen opnieuw toe en zet ze op laag vuur, onder voortdurend roeren tot ze uitdrogen. Dit is wanneer er een klein laagje zout op elke aardappel ontstaat en de schil rimpelt.

TRUC

Ze zijn een perfecte begeleider van gezouten vis. Probeer eens met een beetje pesto.

GEPOCHEERDE EIEREN MET PADDESTOELEN, GARNALEN EN TRIGUEROS

INGREDIËNTEN

8 eieren

300 g verse champignons

100 g garnalen

250 ml vleesbouillon

2 eetlepels Pedro Ximénez

1 theelepel bloem

1 bosje wilde asperges

Olijfolie

1 dl azijn

Zout en peper

UITWERKING

Pocheer de eieren in ruim kokend water met zout en een flinke scheut azijn. Zet het vuur uit, dek de pan af en wacht 3 of 4 minuten. Het wit moet gaar zijn en de dooier moet vloeibaar zijn. Verwijder, laat uitlekken en breng op smaak met zout en peper.

Maak de asperges schoon en snijd ze in de lengte doormidden. Bak ze in een koekenpan op hoog vuur, zout en zet opzij. Bak de gepelde en gezouten garnalen in dezelfde olie op zeer hoog vuur gedurende 30 seconden. Terugtrekken.

Bak de gesneden champignons in dezelfde pan op hoog vuur gedurende 1 minuut, voeg de bloem toe en bak nog een minuut. Bevochtig met Pedro Ximénez tot het ingedikt en droog is. Voeg de bouillon toe tot het zoutpunt en breng aan de kook.

Leg de asperges, garnalen en champignons op de borden en leg de eieren erop. Sauteer met Pedro Ximénez-saus.

TRUC

Kook de bouillon met 1 takje rozemarijn tot de helft van het volume.

ROERAARDAPPEL MET CHORIZO EN GROENE PEPER

INGREDIËNTEN

6 eieren

120 g gehakte chorizo

4 aardappelen

2 groene Italiaanse paprika's

2 teentjes knoflook

1 bieslook

Olijfolie

Zout en peper

UITWERKING

Schil, was en snijd de aardappelen in middelgrote blokjes. Goed wassen totdat het water helder is. Snijd de bieslook en paprika in juliennereepjes.

Bak de aardappelen in voldoende hete olie en voeg halverwege het frituren de paprika en bieslook toe tot de groenten goudbruin en gaar zijn.

Giet de aardappelen, bieslook en paprika af. Laat een beetje olie in de pan zitten om de gehakte chorizo bruin te maken. Voeg de aardappelen opnieuw toe met de bieslook en paprika. Voeg de gebroken eieren toe en roer tot ze iets stollen. Pas zout en peper aan.

TRUC

Je kunt de chorizo vervangen door bloedworst, chistorra en zelfs worst.

AARDAPPELEN VOOR DE ARMEN

INGREDIËNTEN

1 kg aardappelen

3 teentjes knoflook

1 kleine groene paprika

1 kleine rode paprika

1 kleine ui

Verse peterselie

Olijfolie

4 eetlepels azijn

Zout

UITWERKING

Pers de knoflook met de peterselie, azijn en 4 eetlepels water.

Schil en snijd de aardappelen zoals bij tortilla. Bak ze in voldoende hete olie en voeg de helft van de ui en de paprika toe, in fijne juliennereepjes gesneden. Blijf bakken tot het licht goudbruin is.

Verwijder de aardappelen, ui en paprika en laat ze uitlekken. Voeg de geperste knoflook en azijn toe. Roer en zout.

TRUC

Het is een perfecte garnering voor alle soorten vlees, vooral vette soorten zoals lams- en varkensvlees.

GROOTHertog GESTOCHEERDE EIEREN

INGREDIËNTEN

8 eieren

125 g Parmezaanse kaas

30 g boter

30 g bloem

½ l melk

4 sneetjes toast

Nootmuskaat

Azijn

Zout en peper

UITWERKING

Maak een bechamelsaus door de bloem 5 minuten op laag vuur in de boter te bakken, de melk al roerend toe te voegen en nog eens 5 minuten te laten koken. Pas aan met zout, peper en nootmuskaat.

Pocheer de eieren in ruim kokend water met zout en een flinke scheut azijn. Zet het vuur uit, dek de pan af en wacht 3 of 4 minuten. Haal eruit en laat uitlekken.

Doe het gepocheerde ei op het geroosterde brood en saus met de bechamelsaus. Bestrooi met geraspte Parmezaanse kaas en bak in de oven.

TRUC

Als het water kookt, roer het dan met een garde en voeg onmiddellijk het ei toe. Hierdoor wordt een ronde en perfecte vorm bereikt.

AARDAPPELEN MET RIBBEN

INGREDIËNTEN

3 grote aardappelen

1 kg gemarineerde varkensribbetjes

4 eetlepels tomatensaus

2 teentjes knoflook

1 laurierblad

1 groene paprika

1 rode paprika

1 ui

Olijfolie

Zout

UITWERKING

Verdeel de ribben en bak ze bruin in een zeer hete pan. Afhalen en reserveren.

Fruit de paprika, knoflook en ui, in middelgrote stukken gesneden, in dezelfde olie. Als de groenten zacht zijn, voeg je de tomatensaus toe en voeg je de ribben weer toe. Roer en bedek gelijkmatig met water. Voeg het laurierblad toe en kook op laag vuur tot het bijna gaar is.

Voeg vervolgens de cachelada-aardappelen toe. Pas het zout aan en blijf koken tot de aardappelen gaar zijn.

TRUC

Het cachen van de aardappelen betekent dat ze met het mes worden gebroken zonder ze volledig door te snijden. Op deze manier geven de aardappelen hun zetmeel vrij en wordt de bouillon steviger en dikker.

GEBRADEN EIEREN

INGREDIËNTEN

8 eieren

70 g boter

70 g bloem

Meel, ei en paneermeel (voor coating)

½ l melk

Nootmuskaat

Olijfolie

Zout en peper

UITWERKING

Verhit een koekenpan met olijfolie, bak de eieren en laat de dooier rauw of nog niet gaar. Verwijder, zout en verwijder overtollige olie.

Maak een bechamelsaus door de bloem 5 minuten in de gesmolten boter te bakken. Voeg de melk toe, onder voortdurend roeren, en kook gedurende 10 minuten op middelhoog vuur. Breng op smaak met peper en zout en nootmuskaat.

Bestrijk de eieren voorzichtig aan alle kanten met de bechamelsaus. Laat afkoelen in de koelkast.

Haal de eieren door de bloem, het losgeklopte ei en het paneermeel en bak ze in ruim hete olie goudbruin.

TRUC

Hoe verser de eieren, hoe minder ze zullen spetteren tijdens het bakken. Om dit te doen, haalt u ze 15 minuten voordat u ze frituurt uit de koelkast.

HAZELNOOT AARDAPPELS

INGREDIËNTEN

750 gram aardappelen

25 g boter

1 theelepel gehakte verse peterselie

2 eetlepels olijfolie

Zout en peper

UITWERKING

Schil de aardappelen en maak er balletjes van met een punch. Kook ze in een pan met koud water met zout. Als ze voor de eerste keer koken, wacht dan 30 seconden en laat ze uitlekken.

Smelt de boter met de olie in een koekenpan. Voeg de gedroogde en uitgelekte aardappelen toe en kook op laag-middelhoog vuur tot de aardappelen goudbruin en gaar zijn van binnen. Breng op smaak met peper, zout en voeg de peterselie toe.

TRUC

Ze kunnen ook in de oven op 175ºC worden gemaakt, af en toe roeren tot ze zacht en goudbruin zijn.

MOLLE EIEREN

INGREDIËNTEN

8 eieren

Zout

Azijn

UITWERKING

Kook de eieren in kokend water met zout en azijn gedurende 5 minuten. Verwijder en verfris onmiddellijk in ijskoud water en pel voorzichtig.

TRUC

Voeg voldoende zout aan het water toe om gekookte eieren gemakkelijk te kunnen pellen.

AARDAPPELEN RIOJANA'S STIJL

INGREDIËNTEN

2 grote aardappelen

1 theelepel chorizo- of ñora-peperpulp

2 teentjes knoflook

1 Asturische chorizo

1 groene paprika

1 laurierblad

1 ui

Paprika's

4 eetlepels olijfolie

Zout

UITWERKING

Fruit de gehakte knoflook 2 minuten in de olie. Voeg de julienne ui en paprika toe en bak 25 minuten op middelhoog vuur (deze moet dezelfde kleur hebben als gekarameliseerd). Voeg de theelepel chorizopeper toe.

Voeg de gehakte chorizo toe en bak nog 5 minuten. Voeg de cachelada-aardappelen toe en kook nog 10 minuten, onder voortdurend roeren. Breng op smaak met zout.

Voeg paprika toe en bedek met water. Kook samen met het laurierblad op een zeer laag vuur tot de aardappelen gaar zijn.

TRUC

Van wat er over is, kun je een crème maken. Het is een spectaculair voorgerecht.

AARDAPPELEN MET SEPIA

INGREDIËNTEN

3 grote aardappelen

1 kg schone inktvis

3 teentjes knoflook

1 blik erwten

1 grote ui

Visvoorraad

Verse peterselie

Olijfolie

Zout

UITWERKING

Snij de ui, knoflook en peterselie in kleine stukjes. Bak alles in een pan op middelhoog vuur.

Zodra de groenten zijn gepocheerd, zet u het vuur maximaal en bakt u de inktvis, in middelgrote stukken gesneden, gedurende 5 minuten. Bedek met visbouillon (of koud water) en kook tot de inktvis gaar is. Breng op smaak met zout en voeg de geschilde en gehakte aardappelen en de erwten toe.

Zet het vuur lager en kook tot de aardappelen gaar zijn. Pas het zout aan en serveer warm.

TRUC

Het is erg belangrijk om de inktvis op zeer hoog vuur te bakken, omdat hij anders hard en niet erg sappig zal zijn.

KNOFLOOKGARNALENOMELET

INGREDIËNTEN

8 eieren

350 g gepelde garnalen

4 teentjes knoflook

1 cayennepeper

Olijfolie

Zout

UITWERKING

Snijd de knoflook in plakjes en bak ze lichtbruin met de cayennepeper. Voeg de garnalen toe, zout en haal van het vuur. Giet de garnalen, knoflook en cayennepeper af.

Verhit de koekenpan goed met de knoflookolie. Klop de eieren los en breng ze op smaak. Voeg de garnalen en knoflook toe en strem een beetje door het op zichzelf te rollen.

TRUC

Om te voorkomen dat de tortilla aan de pan blijft plakken, verwarm je hem goed voordat je de olie toevoegt.

STOOF AARDAPPELS MET KABELJAUW

INGREDIËNTEN

1 kg aardappelen

500 g ontzoute kabeljauw

1 l rook

2 teentjes knoflook

1 groene paprika

1 rode paprika

1 ui

Gehakte verse peterselie

Olijfolie

Zout

UITWERKING

Snijd de ui, knoflook en paprika fijn. Fruit de groenten op laag vuur gedurende 15 minuten.

Voeg de cachelada-aardappelen toe (gescheurd, niet gesneden) en bak nog 5 minuten.

Voeg de fumet toe aan een punt zout en kook tot de aardappelen bijna gaar zijn. Voeg vervolgens de kabeljauw en de peterselie toe en kook 5 minuten. Pas het zout aan en serveer warm.

TRUC

Voor de fumet kun je 1 glas witte wijn en een paar cayennepeper toevoegen.

AARDAPPELPUREE

INGREDIËNTEN

400 g aardappelen

100 g boter

200 ml melk

1 laurierblad

Nootmuskaat

Zout en peper

UITWERKING

Kook de gewassen en gesneden aardappelen met het laurierblad op middelhoog vuur tot ze gaar zijn. Giet de aardappelen af en haal ze door een voedselmolen.

Kook de melk met de boter, nootmuskaat, zout en peper.

Giet de melk over de aardappelen en klop met een garde. Corrigeer indien nodig wat er ontbreekt.

TRUC

Voeg 100 g geraspte Parmezaanse kaas toe en klop met een garde. Het resultaat is heerlijk.

BONENOMELET MET BLOEDWORST

INGREDIËNTEN

8 eieren

400 g tuinbonen

150 g bloedworst

1 teentje knoflook

1 ui

Olijfolie

Zout

UITWERKING

Kook de bonen in kokend water met een beetje zout tot ze gaar zijn. Zeef en verfris met koud water en ijs.

Snijd de ui en knoflook fijn. Bak op laag vuur gedurende 10 minuten samen met de bloedworst en zorg ervoor dat hij niet breekt. Voeg de bonen toe en kook nog 2 minuten.

Klop de eieren en het zout los. Voeg de bonen toe en doe ze in een zeer hete koekenpan.

TRUC

Om een nog spectaculairder gerecht te maken, verwijdert u direct na het afkoelen de schil van alle bonen. Er zal een fijnere textuur zijn.

GEVULD MET KNOFLOOK EN TRIGUEROS

INGREDIËNTEN

8 eieren

100 g knoflook knoflook

8 sneetjes toast

8 wilde asperges

2 teentjes knoflook

Olijfolie

Zout en peper

UITWERKING

Snijd de knoflook en de geschilde asperges in dunne plakjes. Snijd de knoflook in plakjes en bak deze samen met de knoflook en asperges lichtbruin. Seizoen.

Voeg de losgeklopte eieren toe, onder voortdurend roeren, tot ze lichtjes gestold zijn. Serveer de roerei op geroosterde sneetjes brood.

TRUC

De eieren kunnen ook in een kom au bain-marie op middelhoog vuur worden bereid, onder voortdurend roeren. Ze blijven achter met een honingachtige textuur.

STOOF AARDAPPELEN MET HAKSIERS

INGREDIËNTEN

6 grote aardappelen

500 g cantharellen

1 afgestreken theelepel zoete paprika

1 teentje knoflook

1 ui

½ groene paprika

½ rode peper

Pittige paprika

Vleesbouillon (net genoeg om te bedekken)

UITWERKING

Fruit de groenten in kleine stukjes op laag vuur gedurende 30 minuten. Voeg de cachelada-aardappelen toe (gescheurd, niet gesneden) en bak 5 minuten. Voeg de schone cantharellen toe, in vieren gesneden en zonder steel.

Bak gedurende 3 minuten en voeg de zoete paprika en een vleugje kruiden toe. Bedek met de bouillon en breng op smaak met zout (het moet een beetje flauw zijn). Kook op laag vuur en pas het zout aan.

TRUC

Haal er een paar gekookte aardappelen uit met een beetje bouillon, pureer ze en voeg ze weer toe aan de stoofpot, zodat de saus dikker wordt.

BOLETUS EN GARNALENOMELET

INGREDIËNTEN

8 eieren

400 g schone boletus

150 g garnalen

3 teentjes knoflook

2 eetlepels olijfolie

Zout en peper

UITWERKING

Snijd de knoflook fijn en bak deze een beetje bruin in een koekenpan op middelhoog vuur.

Snij de boletus in blokjes, zet het vuur hoger en doe de knoflook in de pan. Kook 3 minuten. Voeg de gepelde en gezouten garnalen toe en bak nog 1 minuut.

Klop de eieren los en zout ze. Voeg de boletus en garnalen toe. Verhit een koekenpan heel goed met 2 eetlepels olie en bak de tortilla aan beide kanten.

TRUC

Als alle ingrediënten gemengd zijn, voeg je een scheutje truffelolie toe. Een genot.

GEGRATINEERDE EIEREN

INGREDIËNTEN

8 eieren

125 g Parmezaanse kaas

8 plakjes serranoham

8 sneetjes toast

Bechamelsaus (zie het gedeelte Bouillon en Sauzen)

Azijn

Zout en peper

UITWERKING

Pocheer de eieren in ruim kokend water met zout en een flinke scheut azijn. Zet het vuur uit, dek de pan af en wacht 3 of 4 minuten. Verwijder en ververs met water en ijs. Haal het er met een schuimspaan uit en laat het op keukenpapier rusten.

Verdeel de serranoham over 4 potten. Leg de eieren erop, saus met de bechamelsaus en bestrooi met de geraspte Parmezaanse kaas. Gratineer tot de kaas goudbruin kleurt.

TRUC

Het kan worden gemaakt met gerookt spek en zelfs sobrasada.

COURGETTE EN TOMATENOMELET

INGREDIËNTEN

8 eieren

2 tomaten

1 courgette

1 ui

Olijfolie

Zout

UITWERKING

Snijd de ui in dunne reepjes en bak deze op laag vuur gedurende 10 minuten.

Snijd de courgette en tomaten in plakjes en bak ze bruin in een zeer hete pan. Zodra ze goudbruin zijn, snijd je de courgette en tomaten in dunne reepjes. Combineer met de ui en breng op smaak met zout.

Klop de eieren los en voeg ze toe aan de groenten. Zout aanpassen. Verhit een koekenpan goed en zet de tortilla half in contact met het hele oppervlak van de pan en rol hem vervolgens op zichzelf.

TRUC

Probeer het eens met in blokjes gesneden aubergine en de bijbehorende bechamelsaus.

REVOLKONA AARDAPPELEN MET TORREZNOS

INGREDIËNTEN

400 g aardappelen

1 eetlepel paprikapoeder

2 plakjes gemarineerd spek voor torreznos

2 teentjes knoflook

gemalen cayennepeper

Olijfolie

Zout

UITWERKING

Schil de aardappelen en kook ze in een pan tot ze heel zacht zijn. Reserveer het kookwater.

Bak ondertussen het in blokjes gesneden spekvlees in heel weinig olie op laag vuur gedurende 10 minuten of tot het knapperig is. Verwijder de torrezno's.

Fruit de in kleine stukjes gesneden knoflook in hetzelfde vet. Bak ook de paprika mee en voeg deze toe aan de aardappelschotel. Voeg een beetje zout en een snufje gemalen cayennepeper toe.

Pureer met een paar gardes en bedek indien nodig met een deel van de bouillon van het koken van de aardappelen.

TRUC

Kook de aardappelen altijd in koud water, zo voorkom je dat ze hard worden of langer nodig hebben om zacht te worden.

PADDESTOEL- EN PARMEZAANSE OMELET

INGREDIËNTEN

8 eieren

300 g gesneden champignons

150 g geraspte Parmezaanse kaas

4 teentjes knoflook

1 cayennepeper

Olijfolie

Zout

UITWERKING

Snijd de knoflook in plakjes en bak ze lichtbruin met de cayennepeper. Voeg de champignons toe op hoog vuur, zout en bak 2 minuten. Haal van het vuur. Giet de champignons, knoflook en cayennepeper af.

Verhit de koekenpan goed met de knoflookolie. Klop de eieren los en breng ze op smaak, voeg de champignons, geraspte Parmezaanse kaas en knoflook toe. Krul de tortilla een beetje op en rol hem op zichzelf.

TRUC

Serveer met een goede tomatensaus, op smaak gebracht met komijn.

KIPPENHAMS MET WHISKY

INGREDIËNTEN

12 kippendijen

200 ml room

150 ml whisky

100 ml kippenbouillon

3 eierdooiers

1 bieslook

Meel

Olijfolie

Zout en peper

UITWERKING

Kruid, bebloem en bak de kippendijen bruin. Verwijderen en reserveren.

Fruit de fijngesneden ui in dezelfde olie gedurende 5 minuten. Voeg de whisky toe en flambeer (de afzuigkap moet uitgeschakeld zijn). Giet de room en de bouillon erbij. Voeg de kip opnieuw toe en laat 20 minuten op laag vuur koken.

Voeg van het vuur de dooiers toe en roer voorzichtig zodat de saus iets dikker wordt. Pas indien nodig zout en peper aan.

TRUC

Je kunt de whisky vervangen door de alcoholische drank die jij het lekkerst vindt.

GEROOSTERDE EEND

INGREDIËNTEN

1 schone eend

1 l kippenbouillon

4 dl sojasaus

3 eetlepels honing

2 teentjes knoflook

1 kleine ui

1 cayennepeper

verse gember

Olijfolie

Zout en peper

UITWERKING

Meng in een kom de kippenbouillon, soja, geraspte knoflook, fijngehakte cayennepeper en ui, honing, een stukje geraspte gember en peper. Marineer de eend in dit mengsel gedurende 1 uur.

Haal het uit de maceratie en plaats het op een bakplaat met de helft van de maceratievloeistof. Grill op 200ºC gedurende 10 minuten aan elke kant. Voortdurend natmaken met een borstel.

Verlaag de oven tot 180ºC en bak nog 18 minuten aan elke kant (ga elke 5 minuten verder met een penseel).

Verwijder de eend, bewaar deze en kook de saus tot de helft in een pan op middelhoog vuur.

TRUC

Bak de vogels eerst met de borst naar beneden, hierdoor drogen ze minder uit en blijven ze sappiger.

VILLAROY KIPPENBORST

INGREDIËNTEN

1 kg kipfilets

2 wortels

2 stengels bleekselderij

1 ui

1 prei

1 raap

Meel, ei en paneermeel (voor coating)

Voor de bechamelsaus

1 liter melk

100 g boter

100 g bloem

gemalen nootmuskaat

Zout en peper

UITWERKING

Kook alle schoongemaakte groenten in 2 liter water (koud) gedurende 45 minuten.

Maak ondertussen een bechamelsaus door de bloem in de boter op middelhoog vuur gedurende 5 minuten te bakken. Voeg vervolgens de melk toe en roer. Breng op smaak met peper en zout en voeg de nootmuskaat toe. Kook gedurende 10 minuten op laag vuur en blijf kloppen.

Zeef de bouillon en stoof de borsten hierin (heel of gefileerd) gedurende 15 minuten. Verwijder en laat ze afkoelen. Saus de borsten goed met de bechamelsaus en bewaar in de koelkast. Eenmaal koud, paneer je ze in bloem, vervolgens in ei en ten slotte in paneermeel. Bak in voldoende olie en serveer warm.

TRUC

Met de bouillon en de gemalen groenten kun je een voortreffelijke crème maken.

KIPPENBORST MET CITROEN-MOSTERDSAUS

INGREDIËNTEN

4 kipfilets

250 ml room

3 eetlepels cognac

3 eetlepels mosterd

1 eetlepel bloem

2 teentjes knoflook

1 citroen

½ bieslook

Olijfolie

Zout en peper

UITWERKING

Kruid en bak de borsten, in normale stukken gesneden, met een beetje olie. Reserveren.

Fruit de fijngesneden ui en knoflook in dezelfde olie. Voeg de bloem toe en kook 1 min. Voeg de cognac toe tot deze verdampt is en giet de room, 3 eetlepels citroensap en de schil ervan, de mosterd en het zout erbij. Kook de saus gedurende 5 minuten.

Voeg de kip opnieuw toe en kook nog 5 minuten op laag vuur.

TRUC

Rasp de citroen eerst voordat je het sap eruit haalt. Om geld te besparen kan het ook worden gemaakt met gehakte kip in plaats van borsten.

GEROOSTERDE PINTADA MET PRUIMEN EN PADDESTOELEN

INGREDIËNTEN

1 geschilderd

250 gram champignons

200 ml port

¼ l kippenbouillon

15 ontpitte pruimen

1 teentje knoflook

1 theelepel bloem

Olijfolie

Zout en peper

UITWERKING

Kruid en rooster de parelhoen met de pruimen gedurende 40 minuten op 175ºC. Halverwege het bakken even omdraaien. Zodra de tijd verstreken is, verwijdert u de sappen en bewaart u deze.

Fruit 2 eetlepels olie en de bloem in een pan gedurende 1 minuut. Giet de wijn erbij en laat deze tot de helft inkoken. Bevochtig met de braadsappen en bouillon. Kook gedurende 5 minuten, onder voortdurend roeren.

Bak de champignons apart met een beetje gehakte knoflook, voeg ze toe aan de saus en breng aan de kook. Serveer de parelhoen met de saus.

TRUC

Voor speciale gelegenheden kunt u de parelhoen vullen met appel, foie, gehakt, noten.

 AVES

VILLAROY KIPBORST GEVULD MET GEKARAMELISEERDE PIQUILLOS MET MODENA AZIJN

INGREDIËNTEN

4 kipfiletfilets

100 g boter

100 g bloem

1 liter melk

1 blik piquillo-pepers

1 glas Modena-azijn

½ glas suiker

Nootmuskaat

Ei en paneermeel (voor coating)

Olijfolie

Zout en peper

UITWERKING

Fruit de boter en de bloem gedurende 10 minuten op laag vuur. Giet vervolgens de melk erbij en kook gedurende 20 minuten, onder voortdurend roeren. Breng op smaak met peper en zout en voeg nootmuskaat toe. Laten afkoelen.

Karameliseer ondertussen de paprika's met de azijn en de suiker tot de azijn begint (net) in te dikken.

Kruid de filets met peper en zout en vul ze met de piquillo. Rol de borsten in transparante folie alsof het heel stevige snoepjes zijn, sluit ze en kook ze 15 minuten in water.

Eenmaal gekookt, saus ze aan alle kanten met bechamelsaus en haal ze door losgeklopt ei en paneermeel. Bak in voldoende olie.

TRUC

Als je een paar eetlepels kerrie toevoegt terwijl de bloem voor de bechamelsaus aan het bakken is, is het resultaat anders en zeer rijk.

KIPPENBORSTJES GEVULD MET BACON, PADDESTOEL EN KAAS

INGREDIËNTEN

4 kipfiletfilets

100 g champignons

4 plakjes gerookt spek

2 eetlepels mosterd

6 eetlepels room

1 ui

1 teentje knoflook

Gesneden kaas

Olijfolie

Zout en peper

UITWERKING

Kruid de kipfilets met peper en zout. Maak de champignons schoon en snijd ze in vieren.

Bak het spek bruin en bak de gehakte champignons met knoflook op hoog vuur.

Vul de filets met spek, kaas en champignons en sluit ze perfect af met transparant folie alsof het snoepjes zijn. Kook gedurende 10 minuten in kokend water. Verwijder de film en filet.

Aan de andere kant fruit je de in kleine stukjes gesneden ui, voeg de room en de mosterd toe, kook 2 minuten en meng. Saus over de kip

TRUC

De transparante folie is bestand tegen hoge temperaturen en geeft geen smaak aan het voedsel.

KIP IN ZOETE WIJN MET PRUIMEN

INGREDIËNTEN

1 grote kip

100 g ontpitte pruimen

½ l kippenbouillon

½ fles zoete wijn

1 bieslook

2 wortel

1 teentje knoflook

1 eetlepel bloem

Olijfolie

Zout en peper

UITWERKING

Breng de kip, in stukjes gesneden, op smaak en bak hem bruin in een zeer hete pan met olie. Afhalen en reserveren.

Fruit in dezelfde olie de fijngehakte bieslook, knoflook en wortels. Als de groenten goed gepocheerd zijn, voeg je de bloem toe en kook je nog een minuut.

Giet de zoete wijn erbij en zet het vuur hoger totdat deze bijna volledig is verminderd. Bevochtig met de bouillon en voeg de kip en pruimen opnieuw toe.

Stoof ongeveer 15 minuten of tot de kip gaar is. Haal de kip eruit en meng de saus. Voeg er zout aan toe.

TRUC

Als je een beetje koude boter aan de gemalen saus toevoegt en deze met een garde klopt, krijg je meer dikte en meer glans.

ORANJE KIPPENBORSTJES MET CASHEWS

INGREDIËNTEN

4 kipfilets

75 g cashewnoten

2 glazen vers sinaasappelsap

4 eetlepels honing

2 eetlepels Cointreau

Meel

Olijfolie

Zout en peper

UITWERKING

Kruid en bebloem de borsten. Bruin ze in voldoende olie, verwijder ze en bewaar ze.

Kook het sinaasappelsap met de Cointreau en de honing gedurende 5 minuten. Voeg de borsten toe aan de saus en kook op laag vuur gedurende 8 minuten.

Serveer met de saus en cashewnoten er bovenop.

TRUC

Een andere manier om een goede sinaasappelsaus te maken is door te beginnen met snoepjes die niet erg donker zijn en waaraan je natuurlijk sinaasappelsap toevoegt.

ingelegde patrijs

INGREDIËNTEN

4 patrijzen

300 gram uien

200 g wortelen

2 glazen witte wijn

1 kop knoflook

1 laurierblad

1 glas azijn

1 glas olie

Zout en 10 korrels peper

UITWERKING

Kruid en bak de patrijzen op hoog vuur bruin. Verwijderen en reserveren.

Bak in dezelfde olie de wortels en uien, in juliennereepjes gesneden. Als de groenten zacht zijn, voeg je de wijn, azijn, peperkorrels, zout, knoflook en laurier toe. Sauteer gedurende 10 minuten.

Doe de patrijs er weer in en laat nog 10 minuten op laag vuur koken.

TRUC

Om ingelegd vlees of vis meer smaak te geven kun je ze het beste minimaal 24 uur laten rusten.

CACCIATORE KIP

INGREDIËNTEN

1 gehakte kip

50 g gesneden champignons

½ l kippenbouillon

1 glas witte wijn

4 geraspte tomaten

2 wortels

2 teentjes knoflook

1 prei

½ ui

1 boeket aromatische kruiden (tijm, rozemarijn, laurier...)

Olijfolie

Zout en peper

UITWERKING

Breng de kip op smaak en bak hem bruin in een zeer hete pan met een scheutje olie. Afhalen en reserveren.

Fruit de wortels, knoflook, prei en ui in stukjes in dezelfde olie. Voeg vervolgens de geraspte tomaat toe. Bak totdat de tomaat zijn water verliest. Doe de kip er weer in.

Bak de champignons apart en voeg ze ook toe aan de stoofpot. Giet het glas wijn erbij en laat inkoken.

Bevochtig met de bouillon en voeg de aromatische kruiden toe. Kook tot de kip gaar is. Zout aanpassen.

TRUC

Dit gerecht kan ook gemaakt worden met kalkoen en zelfs konijn.

COCA Cola STIJL KIPPENVLEUGELS

INGREDIËNTEN

1 kg kippenvleugels

½ l Coca-Cola

4 eetlepels bruine suiker

2 eetlepels sojasaus

1 afgestreken eetlepel oregano

½ citroen

Zout en peper

UITWERKING

Giet de Coca-Cola, suiker, soja, oregano en sap van ½ citroen in een pan en kook gedurende 2 minuten.

Snijd de vleugels doormidden en kruid ze met peper en zout. Bak ze op 160ºC tot ze een beetje kleur hebben. Voeg op dit punt de helft van de saus toe en draai de vleugels. Draai ze elke 20 minuten opnieuw.

Als de saus bijna is ingekookt, voeg je de andere helft toe en bak je door tot de saus dik is.

TRUC

Het toevoegen van een takje vanille tijdens het maken van de saus versterkt de smaak en geeft een onderscheidende toets.

KNOFLOOK KIP

INGREDIËNTEN

1 gehakte kip

8 teentjes knoflook

1 glas witte wijn

1 eetlepel bloem

1 cayennepeper

Azijn

Olijfolie

Zout en peper

UITWERKING

Kruid de kip en bak hem goed bruin. Reserveer en laat de olie afkoelen.

Snijd de knoflookteentjes in kleine blokjes en konfijt (koken in olie, niet bakken) de knoflook en cayennepeper, zonder dat deze kleurt.

Giet de wijn erbij en laat inkoken tot hij een bepaalde dikte heeft, maar niet droog is.

Voeg vervolgens de kip toe en beetje bij beetje de theelepel bloem erbovenop. Roer (controleer of de knoflook aan de kip plakt; zo niet, voeg dan nog wat bloem toe tot het lichtjes plakt).

Dek af en roer af en toe. Kook gedurende 20 minuten op laag vuur. Werk af met een scheutje azijn en kook nog 1 minuut.

TRUC

Het sauteren van de kip is essentieel. Het moet op zeer hoog vuur staan, zodat het goudbruin blijft aan de buitenkant en sappig aan de binnenkant.

KIP AL CHILINDRÓN

INGREDIËNTEN

1 kleine kip, gehakt

350 g gehakte serranoham

1 blikje van 800 g geplette tomaat

1 grote rode paprika

1 grote groene paprika

1 grote ui

2 teentjes knoflook

Tijm

1 glas witte of rode wijn

Suiker

Olijfolie

Zout en peper

UITWERKING

Kruid de kip met peper en zout en bak deze op hoog vuur. Afhalen en reserveren.

Fruit in dezelfde olie de paprika, knoflook en ui, in middelgrote stukken gesneden. Als de groenten mooi bruin zijn, voeg je de ham toe en bak je nog 10 minuten.

Doe de kip er weer in en baad hem in de wijn. Laat het 5 minuten op hoog vuur inkoken en voeg de tomaat en tijm toe. Zet het vuur lager en kook nog 30 minuten. Pas zout en suiker aan.

TRUC

Hetzelfde recept kan worden gemaakt met gehaktballetjes. Er blijft niets meer over op het bord!

KWARTELS EN RODE VRUCHTEN GEMARINEERD

INGREDIËNTEN

4 kwartels

150 g rood fruit

1 glas azijn

2 glazen witte wijn

1 wortel

1 prei

1 teentje knoflook

1 laurierblad

Meel

1 glas olie

Zout en peperkorrels

UITWERKING

Bloem, breng op smaak en bak de kwartels bruin in een pot. Afhalen en reserveren.

Fruit de in staafjes gesneden wortel en prei, en de gesneden knoflook in dezelfde olie. Als de groenten zacht zijn, voeg je de olie, azijn en wijn toe.

Voeg het laurierblad en de peper toe. Pas het zout aan en kook 10 minuten samen met de rode vruchten.

Voeg de kwartels toe en bak nog 10 minuten tot ze gaar zijn. Laat het afgedekt rusten, van het vuur.

TRUC

Deze augurk is samen met het kwartelvlees een heerlijke dressing en begeleider van een goede salade van knoppen.

KIP MET CITROEN

INGREDIËNTEN

1 kip

30 g suiker

25 g boter

1 l kippenbouillon

1 dl witte wijn

Sap van 3 citroenen

1 ui

1 prei

Olijfolie

Zout en peper

UITWERKING

Snijd de kip en breng op smaak. Bruin op hoog vuur en verwijder.

Pel de ui, maak de prei schoon en snijd deze in juliennereepjes. Fruit de groenten in dezelfde olie waarin de kip is gemaakt. Giet de wijn erbij en laat inkoken.

Voeg het citroensap, de suiker en de bouillon toe. Laat 5 minuten koken en doe de kip er weer in. Stoof nog 30 minuten op laag vuur. Pas zout en peper aan.

TRUC

Zodat de saus dunner is en zonder stukjes groenten, is het beter om hem te verpletteren.

KIP SAN JACOBO MET SERRANOHAM, CASAR CAKE EN RUGULA

INGREDIËNTEN

8 dunne kipfilets

150 g Casar-cake

100 g rucola

4 plakjes serranoham

Meel, ei en granen (voor coating)

Olijfolie

Zout en peper

UITWERKING

Kruid de kipfilets met peper en zout en bestrijk ze met de kaas. Leg er een rucola en serranoham op en leg er een andere bovenop om deze af te sluiten. Doe hetzelfde met de rest.

Haal ze door bloem, losgeklopt ei en gemalen ontbijtgranen. Bak in voldoende hete olie gedurende 3 minuten.

TRUC

Het kan worden bedekt met gemalen popcorn, kiko's en zelfs wormen. Het resultaat is erg leuk.

GEBAKKEN KIPCURRY

INGREDIËNTEN

4 kippenbouten (per persoon)

1 l room

1 bieslook of ui

2 eetlepels kerrie

4 natuurlijke yoghurts

Zout

UITWERKING

Snijd de ui in kleine stukjes en meng deze in een kom met de yoghurt, room en curry. Breng op smaak met zout.

Maak enkele inkepingen in de kip en marineer deze 24 uur in de yoghurtsaus.

Rooster op 180ºC gedurende 90 minuten, verwijder de kip en serveer met de opgeklopte saus.

TRUC

Als er saus over is, kun je daar heerlijke gehaktballetjes van maken.

KIP IN RODE WIJN

INGREDIËNTEN

1 gehakte kip

½ l rode wijn

1 takje rozemarijn

1 takje tijm

2 teentjes knoflook

2 preien

1 rode paprika

1 wortel

1 ui

Kippensoep

Meel

Olijfolie

Zout en peper

UITWERKING

Kruid en bak de kip in een zeer hete braadpan. Afhalen en reserveren.

Snijd de groenten in kleine stukjes en bak ze in dezelfde olie waarin de kip gebakken werd.

Giet de wijn erbij, voeg de aromatische kruiden toe en kook ongeveer 10 minuten op hoog vuur tot het inkookt. Voeg de kip opnieuw toe en bedek met bouillon tot deze onder staat. Stoof nog eens 20 minuten of tot het vlees gaar is.

TRUC

Als je een dunnere saus zonder stukjes wilt, pureer en zeef de saus.

GEROOSTERDE KIP MET ZWART BIER

INGREDIËNTEN

4 kippenkontjes

750 ml zwart bier

1 eetlepel komijn

1 takje tijm

1 takje rozemarijn

2 uien

3 teentjes knoflook

1 wortel

Zout en peper

UITWERKING

Snijd de uien, wortel en knoflook in juliennereepjes. Leg de tijm en rozemarijn op de bodem van een bakplaat en leg de ui, wortels en knoflook erop; en dan de kippenbouten, met het vel naar beneden, op smaak gebracht met zout en een snufje komijn. Rooster ongeveer 45 minuten op 175ºC.

Bevochtig na 30 minuten met bier, draai de kolfjes om en bak nog eens 45 minuten. Als de kip gaar is, haal hem dan uit de bak en meng de saus.

TRUC

Als je 2 appels, in tweeën gesneden, toevoegt en deze samen met de rest van de saus pureert, is de smaak nog beter.

PATRIDGE MET CHOCOLADE

INGREDIËNTEN

4 patrijzen

½ l kippenbouillon

½ glas rode wijn

1 takje rozemarijn

1 takje tijm

1 bieslook

1 wortel

1 teentje knoflook

1 geraspte tomaat

Chocolade

Olijfolie

Zout en peper

UITWERKING

Kruid de patrijzen en bak ze bruin. Reserveren.

Fruit de fijngehakte wortel, knoflook en bieslook in dezelfde olie op gemiddelde temperatuur. Verhoog het vuur en voeg de tomaat toe. Kook tot het water verloren is. Giet de wijn erbij en laat deze bijna volledig inkoken.

Bevochtig met de bouillon en voeg de kruiden toe. Kook op laag vuur tot de patrijzen gaar zijn. Zout aanpassen. Haal van het vuur en voeg chocolade naar smaak toe. Verwijderen.

TRUC

Om het gerecht een pittige toets te geven kun je cayennepeper toevoegen en als je het knapperig wilt hebben, kun je er hazelnoten of geroosterde amandelen aan toevoegen.

GEROOSTERDE KALKOENKWARTEREN MET RODE FRUITSAUS

INGREDIËNTEN

4 kalkoenkontjes

250 g rood fruit

½ l cava

1 takje tijm

1 takje rozemarijn

3 teentjes knoflook

2 preien

1 wortel

Olijfolie

Zout en peper

UITWERKING

Maak de prei, wortels en knoflook schoon en julienne. Leg deze groente op een bakplaat samen met de tijm, rozemarijn en rode bessen.

Leg de kalkoenkwarten erop, bestrooi ze met een scheutje olie en met de velkant naar beneden. Rooster 1 uur op 175ºC.

Na 30 minuten baden met cava. Draai het vlees om en braad nog eens 45 minuten. Zodra de tijd is verstreken, haalt u het uit de lade. Meng, zeef en pas de saus aan op zout.

TRUC

De kalkoen is gaar als de dij en de dij gemakkelijk loskomen.

GEROOSTERDE KIP MET PERZIKSAUS

INGREDIËNTEN

4 kippenkontjes

½ l witte wijn

1 takje tijm

1 takje rozemarijn

3 teentjes knoflook

2 perziken

2 uien

1 wortel

Olijfolie

Zout en peper

UITWERKING

Snijd de uien, wortel en knoflook in juliennereepjes. Schil de perziken, halveer ze en verwijder de pit.

Leg de tijm en rozemarijn samen met de wortel, uien en knoflook op de bodem van een bakplaat. Leg de kolfjes erop, bestrijk ze met een scheutje olie, met de velzijde naar beneden, en rooster ze op 175ºC gedurende ongeveer 45 minuten.

Na 30 minuten baden met witte wijn, omdraaien en nog eens 45 minuten roosteren. Als de kip gaar is, haal hem dan uit de bak en meng de saus.

TRUC

Je kunt appels of peren aan het braadstuk toevoegen. De saus zal heerlijk smaken.

KIPFILET GEVULD MET SPINAZIE EN MOZZARELLA

INGREDIËNTEN

8 dunne kipfilets

200 g verse spinazie

150 g mozarella

8 basilicumblaadjes

1 theelepel gemalen komijn

Meel, ei en paneermeel (voor coating)

Olijfolie

Zout en peper

UITWERKING

Kruid de borsten aan beide kanten met zout en peper. Leg de spinazie, de in stukjes gesneden kaas en de gehakte basilicum erop en dek af met een andere filet. Haal de bloem, het losgeklopte ei en een mengsel van paneermeel en komijn erdoor.

Bak een paar minuten aan elke kant en verwijder overtollige olie op absorberend papier.

TRUC

De perfecte aanvulling is een goede tomatensaus. Dit gerecht kan worden gemaakt met kalkoen en zelfs vers lendelint.

GEROOSTERDE KIP MET CAVA

INGREDIËNTEN

4 kippenkontjes

1 fles cava

1 takje tijm

1 takje rozemarijn

3 teentjes knoflook

2 uien

Olijfolie

Zout en peper

UITWERKING

Snijd de uien en knoflook in juliennereepjes. Leg de tijm en de rozemarijn op de bodem van een bakplaat en leg de uien, de knoflook erop en vervolgens de gekruide kontjes met de velkant naar beneden. Rooster ongeveer 45 minuten op 175ºC.

Na 30 minuten met de cava baden, de kolfjes omdraaien en nog eens 45 minuten bakken. Als de kip gaar is, haal hem dan uit de bak en meng de saus.

TRUC

Een andere variabele van hetzelfde recept is om het te maken met lambrusco of zoete wijn.

KIPPENSPIESJES MET PINDASAUS

INGREDIËNTEN

600 g kipfilets

150 g pinda's

500 ml kippenbouillon

200 ml room

3 eetlepels sojasaus

3 eetlepels honing

1 eetlepel kerrie

1 fijngehakte cayennepeper

1 eetlepel limoensap

Olijfolie

Zout en peper

UITWERKING

Maal de pinda's heel goed totdat ze een pasta worden. Meng ze in een kom samen met het limoensap, de bouillon, de soja, de honing, de curry, het zout en de peper. Snijd de borsten in stukjes en laat ze een nacht in dit mengsel marineren.

Haal de kip eruit en steek deze op spiesjes. Kook het vorige mengsel samen met de room op laag vuur gedurende 10 minuten.

Bak de spiesjes in een koekenpan op middelhoog vuur en serveer met de saus er bovenop.

TRUC

Ze kunnen gemaakt worden met kippenbouten. Maar in plaats van ze bruin te bakken in een pan, rooster je ze in de oven met de saus er bovenop.

KIP IN PEPITORIA

INGREDIËNTEN

1 ½ kg kip

250 g ui

50 g geroosterde amandelen

25 g gebakken brood

½ l kippenbouillon

¼ l goede wijn

2 teentjes knoflook

2 laurierblaadjes

2 hardgekookte eieren

1 eetlepel bloem

14 strengen saffraan

150 g olijfolie

Zout en peper

UITWERKING

Snijd de kip in stukjes, breng hem op smaak. Bruin en reserve.

Snijd de ui en knoflook in kleine stukjes en bak ze in dezelfde olie waarin de kip is gemaakt. Voeg de bloem toe en bak op laag vuur gedurende 5 minuten. Giet de wijn erbij en laat inkoken.

Bevochtig met de bouillon tot het zoutpunt en kook nog 15 minuten. Voeg vervolgens de gereserveerde kip toe samen met de laurierblaadjes en kook tot de kip gaar is.

Rooster apart de saffraan en doe deze samen met het gebakken brood, de amandelen en de eierdooiers in de vijzel. Pureer tot je een pasta verkrijgt en voeg deze toe aan de kipstoofpot. Kook nog 5 min.

TRUC

Er is geen betere aanvulling op dit recept dan een goede rijstpilaf. Het kan worden gepresenteerd met gehakt eiwit en een beetje fijngehakte peterselie erbovenop.

ORANJE KIP

INGREDIËNTEN

1 kip

25 g boter

1 l kippenbouillon

1 dl roséwijn

2 eetlepels honing

1 takje tijm

2 wortels

2 sinaasappels

2 preien

Olijfolie

Zout en peper

UITWERKING

Kruid de gehakte kip en bak hem op hoog vuur in olijfolie. Verwijderen en reserveren.

Schil de wortels en prei, maak ze schoon en snijd ze in juliennereepjes. Bak in dezelfde olie waarin de kip bruin was. Giet de wijn erbij en kook op hoog vuur tot deze inkookt.

Voeg het sinaasappelsap, de honing en de bouillon toe. Laat 5 minuten koken en voeg de stukken kip opnieuw toe. Stoof op laag vuur gedurende 30 minuten. Voeg de koude boter toe en breng op smaak met peper en zout.

TRUC

Je kunt een flinke handvol noten sauteren en deze aan het einde van de bereiding aan de stoofpot toevoegen.

GESTOKEN KIP MET BOLETUS

INGREDIËNTEN

1 kip

200 g serranoham

200 g boletus

50 g boter

600 ml kippenbouillon

1 glas witte wijn

1 takje tijm

1 teentje knoflook

1 wortel

1 ui

1 tomaat

Olijfolie

Zout en peper

UITWERKING

Snijd de kip, kruid hem en bak hem bruin in boter en een scheutje olie. Verwijderen en reserveren.

Fruit in datzelfde vet de in kleine stukjes gesneden ui, wortel en knoflook, samen met de in blokjes gesneden ham. Verhoog het vuur en voeg de gehakte boletus toe. Kook gedurende 2 minuten, voeg de geraspte tomaat toe en kook tot deze al zijn water verliest.

Voeg de stukken kip opnieuw toe en overgiet met de wijn. Laat inkoken tot de saus bijna droog is. Bevochtig met de bouillon en voeg de tijm toe. Kook op laag vuur gedurende 25 minuten of tot de kip gaar is. Zout aanpassen.

TRUC

Gebruik seizoens- of gedroogde paddenstoelen.

GEBAKKEN KIP MET NOTEN EN SOJA

INGREDIËNTEN

3 kipfilets

70 gram rozijnen

30 g amandelen

30 g cashewnoten

30 gram walnoten

30 g hazelnoten

1 glas kippenbouillon

3 eetlepels sojasaus

2 teentjes knoflook

1 cayennepeper

1 citroen

Gember

Olijfolie

Zout en peper

UITWERKING

Snijd de borsten in stukjes, breng ze op smaak met peper en zout en bak ze in een koekenpan op hoog vuur bruin. Verwijderen en reserveren.

Fruit in die olie de noten samen met de geraspte knoflook, een stukje geraspte gember, de cayennepeper en de citroenschil.

Voeg de rozijnen, de achtergehouden borsten en de soja toe. Laat 1 minuut inkoken en baad met de bouillon. Kook nog 6 minuten op middelhoog vuur en pas indien nodig het zout aan.

TRUC

Het zal praktisch niet nodig zijn om zout te gebruiken, aangezien dit vrijwel volledig uit soja bestaat.

CHOCOLADEKIP MET GEROOSTERDE ALMEDS

INGREDIËNTEN

1 kip

60 g geraspte pure chocolade

1 glas rode wijn

1 takje tijm

1 takje rozemarijn

1 laurierblad

2 wortels

2 teentjes knoflook

1 ui

Kippenbouillon (of water)

Geroosterde amandelen

Extra vergine olijfolie

Zout en peper

UITWERKING

Snijd de kip, kruid hem en bak hem bruin in een zeer hete pan. Verwijderen en reserveren.

Fruit in dezelfde olie de ui, de wortels en de knoflookteentjes, in kleine stukjes gesneden, op laag vuur.

Voeg het laurierblad en de tijm- en rozemarijntakken toe. Giet de wijn en de bouillon erbij en kook op laag vuur gedurende 40 minuten. Pas het zout aan en verwijder de kip.

Giet de saus door een blender en doe hem terug in de pot. Voeg de kip en chocolade toe en roer tot het is opgelost. Kook nog 5 minuten zodat de smaken zich vermengen.

TRUC

Werk af met geroosterde amandelen erbovenop. Als je een cayennepeper of chili toevoegt, krijgt het een pittige toets.

LAMSPIESJES MET PAPRISON EN MOSTERDVINAIGRETTE

INGREDIËNTEN

350 g lamsvlees

2 eetlepels azijn

1 afgestreken eetlepel paprikapoeder

1 afgestreken eetlepel mosterd

1 afgestreken eetlepel suiker

1 bakje kerstomaatjes

1 groene paprika

1 rode paprika

1 kleine ui

1 ui

5 eetlepels olijfolie

Zout en peper

UITWERKING

Maak de groenten schoon en snijd ze, behalve de bieslook, in middelgrote vierkanten. Snijd het lamsvlees in blokjes van dezelfde grootte. Monteer de spiesjes, afwisselend een stuk vlees en een stuk groenten. Seizoen. Bak ze in een zeer hete pan met een beetje olie gedurende 1 à 2 minuten aan elke kant.

Meng apart de mosterd, paprika, suiker, olie, azijn en de in kleine stukjes gesneden bieslook in een kom. Breng op smaak met zout en emulgeer.

Serveer de vers gemaakte spiesjes met een beetje paprikasaus.

TRUC

Je kunt ook 1 eetlepel curry en een beetje citroenschil aan de vinaigrette toevoegen.

RUNDVLEES GEVULD MET POORT

INGREDIËNTEN

1 kg rundervin (open in boek om te vullen)

350 g varkensgehakt

1 kg wortelen

1 kg uien

100 g pijnboompitten

1 klein blikje piquillo-pepers

1 blikje zwarte olijven

1 pakje spek

1 kop knoflook

2 laurierblaadjes

Port wijn

Vleesbouillon

Olijfolie

Zout en peperkorrels

UITWERKING

Kruid de vin aan beide kanten met peper en zout. Vul met het varkensvlees, pijnboompitten, gehakte paprika, in vieren gesneden olijven en in reepjes gesneden spek. Rol het gaas op en doe het erin of knoop het vast met hoofdsteldraad. Bruin op zeer hoog vuur, verwijder en zet opzij.

Snijd de wortelen, uien en knoflook in brunoise en bak ze bruin in dezelfde olie waarin het kalfsvlees gebakken is. Zet de vin er weer op. Bestrijk met een scheutje port en vleesbouillon tot alles onder staat. Voeg 8 peperkorrels en laurierblaadjes toe. Kook afgedekt op laag vuur gedurende 40 minuten. Draai elke 10 min. Zodra het vlees zacht is, verwijdert u de saus en mengt u deze.

TRUC

Port kan worden vervangen door elke andere wijn of champagne.

GEVLEESBALLEN IN MADRILEÑA-STIJL

INGREDIËNTEN

1kg rundergehakt

500 gram varkensgehakt

500 g rijpe tomaten

150 g uien

100 g champignons

1 l vleesbouillon (of water)

2 dl witte wijn

2 eetlepels verse peterselie

2 eetlepels paneermeel

1 eetlepel bloem

3 teentjes knoflook

2 wortels

1 laurierblad

1 ei

Suiker

Olijfolie

Zout en peper

UITWERKING

Meng de twee vleessoorten met de gehakte peterselie, 2 in blokjes gesneden teentjes knoflook, het paneermeel, het ei, zout en peper. Maak balletjes en bak ze bruin in een ovenschotel. Afhalen en reserveren.

Fruit in dezelfde olie de ui met de andere knoflook, voeg de bloem toe en bak. Voeg de tomaten toe en bak nog 5 min. Giet de wijn erbij en kook nog 10 minuten. Bevochtig met de bouillon en laat nog 5 minuten koken. Maal en pas het zout en de suiker aan. Kook de gehaktballetjes samen met het laurierblad 10 minuten in de saus.

Maak de wortels en champignons apart schoon, schil ze en snijd ze in kleine blokjes. Bak ze 2 minuten in een beetje olie en voeg ze toe aan de gehaktballetjesstoofpot.

TRUC

Om het gehaktballenmengsel lekkerder te maken, voeg je 150 g gehakt vers Iberisch spek toe. Het is beter om niet te veel te drukken bij het maken van de balletjes, zodat ze sappiger worden.

CHOCOLADE RUNDVLEESWANGEN

INGREDIËNTEN

8 runderwangetjes

½ l rode wijn

6 ons chocolade

2 teentjes knoflook

2 tomaten

2 preien

1 stuk bleekselderij

1 wortel

1 ui

1 takje rozemarijn

1 takje tijm

Meel

Vleesbouillon (of water)

Olijfolie

Zout en peper

UITWERKING

Breng de wangen op smaak en bak ze bruin in een zeer hete pan. Afhalen en reserveren.

Snijd de groenten in brunoise en bak ze in dezelfde pan waarin de wangen zijn gebakken.

Als de groenten zacht zijn, voeg je de geraspte tomaten toe en kook tot al het water verloren is. Voeg de wijn en aromatische kruiden toe en laat 5 minuten inkoken. Voeg de wangen en de vleesbouillon toe tot ze onderstaan.

Kook tot de wangen heel zacht zijn, voeg chocolade naar smaak toe, roer en breng op smaak met zout en peper.

TRUC

De saus kan worden geplet of bij de hele groentestukjes blijven.

GECANDIEERDE VARKENSCAKE MET ZOETE WIJNSAUS

INGREDIËNTEN

½ gehakt speenvarken

1 glas zoete wijn

2 takjes rozemarijn

2 takjes tijm

4 teentjes knoflook

1 kleine wortel

1 kleine ui

1 tomaat

Milde olijfolie

grof zout

UITWERKING

Verdeel het speenvarken over een bakplaat en zout het aan beide kanten. Voeg de geperste knoflook en aromaten toe. Bestrijk met olie en rooster gedurende 5 uur op 100ºC. Laat het vervolgens afkoelen en ontbeen, waarbij u het vlees en de schil verwijdert.

Leg bakpapier op een bakplaat. Verdeel het speenvarkenvlees en leg de speenvarkenhuid erop (minimaal 2 vingers hoog). Leg nog een bakpapiertje en bewaar het in de koelkast met wat gewicht erop.

Maak ondertussen een donkere bouillon. Snijd de botten en groenten in middelgrote stukken. Rooster de botten op 185ºC gedurende 35 minuten, voeg de groenten aan de zijkanten toe en rooster nog eens 25 minuten. Haal uit de oven en baad met de wijn. Doe alles in een pot en bedek met koud water. Kook gedurende 2 uur op zeer laag vuur. Zeef en zet terug op het vuur tot het iets dikker wordt. Ontvetten.

Snijd de cake in porties en bak de huidzijde in een hete pan krokant. Bak gedurende 3 minuten op 180ºC.

TRUC

Het is een gerecht dat eerder bewerkelijk dan moeilijk is, maar het resultaat is spectaculair. De enige truc om te voorkomen dat het uiteindelijk bederft, is door de saus aan de zijkant van het vlees te serveren en niet er bovenop.

KONIJN MET MARC

INGREDIËNTEN

1 konijn, gehakt

80 g amandelen

1 l kippenbouillon

400 ml afvallen

200 ml room

1 takje rozemarijn

1 takje tijm

2 uien

2 teentjes knoflook

1 wortel

10 strengen saffraan

Zout en peper

UITWERKING

Snijd het konijn, kruid het en bak het bruin. Verwijderen en reserveren.

Fruit de wortel, uien en knoflook, in kleine stukjes gesneden, in dezelfde olie. Voeg de saffraan en amandelen toe en kook 1 min.

Verhoog het vuur en baad met de afvallen. flamberen Voeg het konijn weer toe en bedek met de bouillon. Voeg de tijm- en rozemarijntakken toe.

Stoof ongeveer 30 minuten tot het konijn gaar is en voeg de room toe. Kook nog 5 minuten en pas het zout aan.

TRUC

Flammen is het verbranden van de alcohol in een geest. Let er daarbij op dat de afzuigkap uitgeschakeld is.

GEVLEESBALLEN IN PEPITORIA HAZELNOOTSAUS

INGREDIËNTEN

750 gram rundergehakt

750 g varkensgehakt

250 g ui

60 gram hazelnoten

25 g gebakken brood

½ l kippenbouillon

¼ l witte wijn

10 strengen saffraan

2 eetlepels verse peterselie

2 eetlepels paneermeel

4 teentjes knoflook

2 hardgekookte eieren

1 vers ei

2 laurierblaadjes

150 g olijfolie

Zout en peper

UITWERKING

Meng het vlees, de gehakte peterselie, de knoflookblokjes, het paneermeel, het ei, het zout en de peper in een kom. Bloem en bruin in een pan op middelhoog vuur. Verwijderen en reserveren.

Fruit in dezelfde olie de ui en de andere 2 teentjes knoflook, in kleine blokjes gesneden, op laag vuur. Giet de wijn erbij en laat inkoken. Bevochtig met de bouillon en kook gedurende 15 minuten. Voeg de gehaktballetjes samen met de laurierblaadjes toe aan de saus en kook nog 15 minuten.

Rooster apart de saffraan en pureer deze samen met het gebakken brood, de hazelnoten en de eidooiers in een vijzel tot een homogene pasta ontstaat. Voeg toe aan de stoofpot en kook nog 5 min.

TRUC

Serveer met gehakt eiwit erbovenop en een beetje peterselie.

SCALOPINES VAN RUNDVLEES MET ZWART BIER

INGREDIËNTEN

4 biefstukken

125 g shiitake-paddenstoelen

1/3 l zwart bier

1 dl vleesbouillon

1 dl room

1 wortel

1 bieslook

1 tomaat

1 takje tijm

1 takje rozemarijn

Meel

Olijfolie

Zout en peper

UITWERKING

Kruid en bebloem de filets. Bak ze lichtbruin in een pan met een beetje olie. Afhalen en reserveren.

Fruit de in blokjes gesneden ui en wortel in dezelfde olie. Voeg als ze gepocheerd zijn de geraspte tomaat toe en kook tot de saus bijna droog is.

Giet het bier erbij, laat de alcohol 5 minuten verdampen op middelhoog vuur en voeg de bouillon, kruiden en filets toe. Kook 15 minuten of tot ze gaar zijn.

Bak de gefileerde champignons apart op hoog vuur en voeg ze toe aan de stoofpot. Zout aanpassen.

TRUC

De filets mogen niet te gaar worden, anders worden ze erg taai.

REIZEN IN MADRILEÑA-STIJL

INGREDIËNTEN

1 kg schone pens

2 varkensdravers

25 g bloem

1 dl azijn

2 eetlepels paprikapoeder

2 laurierblaadjes

2 uien (waarvan 1 gespietst)

1 kop knoflook

1 chilipeper

2 dl olijfolie

20 g zout

UITWERKING

Blancheer de pens en varkenspootjes in een pan met koud water. Kook 5 minuten zodra het begint te koken.

Giet af en vervang door schoon water. Voeg de gesnipperde ui, chilipeper, kop knoflook en laurierblaadjes toe. Voeg indien nodig meer water toe zodat het goed onder staat en kook op laag vuur en afgedekt gedurende 4 uur tot de dravers en de pens gaar zijn.

Als de pens klaar is, haal je de gesnipperde ui, het laurierblad en de chilipeper eruit. Verwijder ook de dravers, ontbeen ze en snijd ze in stukken ter grootte van de pens. Doe het terug in de braadpan.

Bak apart de andere ui, in brunoise gesneden, voeg de paprika en 1 eetlepel bloem toe. Eenmaal gepocheerd, toevoegen aan de stoofpot. Laat 5 minuten koken, pas het zout aan en eventueel de dikte.

TRUC

Dit recept wint aan smaak als het een dag of twee van tevoren wordt bereid. Je kunt ook wat gekookte kikkererwten toevoegen en zo een eersteklas peulvruchtengerecht verkrijgen.

GEROOSTERDE VARKENSLENDE MET APPEL EN MUNT

INGREDIËNTEN

800 g vers varkenshaasje

500 gram appels

60 g suiker

1 glas witte wijn

1 glas cognac

10 muntblaadjes

1 laurierblad

1 grote ui

1 wortel

Olijfolie

Zout en peper

UITWERKING

Kruid de lendenen met peper en zout en bak ze op hoog vuur bruin. Verwijderen en reserveren.

Fruit de schoongemaakte en fijngesneden ui en wortel in die olie. Schil de appels en verwijder het klokhuis.

Breng alles over naar een bakplaat, baad het met de alcohol en voeg het laurierblad toe. Bak op 185ºC gedurende 90 minuten.

Haal de appels en de groenten eruit en pureer ze met de suiker en de munt. Fileer de lendenen en de saus met het baksap en serveer met de appelcompote.

TRUC

Voeg tijdens het bakken een beetje water toe aan de bakplaat om te voorkomen dat de lende uitdroogt.

KIPPENGEHAKBALLEN MET FRAMBOZENSAUS

INGREDIËNTEN

Voor de gehaktballetjes

1kg kippengehakt

1 dl melk

2 eetlepels paneermeel

2 eieren

1 teentje knoflook

Sherry-wijn

Meel

Gehakte peterselie

Olijfolie

Zout en peper

Voor de frambozensaus

200 gram frambozenjam

½ l gevogeltebouillon

1 ½ dl witte wijn

½ dl sojasaus

1 tomaat

2 wortels

1 teentje knoflook

1 ui

Zout

UITWERKING

Voor de gehaktballetjes

Meng het vlees met het paneermeel, de melk, de eieren, het fijngehakte teentje knoflook, de peterselie en een scheutje wijn. Breng op smaak met peper en zout en laat 15 minuten rusten.

Vorm balletjes van het mengsel en haal ze door de bloem. Bak ze bruin in olie en zorg ervoor dat ze van binnen een beetje rauw zijn. Reserveer de olie.

Voor de zoetzure frambozensaus

Schil en snijd de ui, knoflook en wortels in kleine blokjes. Bak in dezelfde olie waarin de gehaktballetjes bruin waren. Breng op smaak met een snufje zout. Voeg de gehakte tomaat toe zonder vel of zaadjes en bak tot het water verdampt is.

Giet de wijn erbij en kook tot de helft is ingekookt. Voeg de sojasaus en de bouillon toe en kook nog eens 20 minuten tot de saus dik is. Voeg de jam en de gehaktballetjes toe en kook alles nog eens 10 minuten.

TRUC

Frambozenjam kan worden vervangen door ander rood fruit en zelfs jam.

LAMSSTOOFPOT

INGREDIËNTEN

1 lamsbout

1 groot glas rode wijn

½ glas geplette tomaat (of 2 geraspte tomaten)

1 eetlepel zoete paprika

2 grote aardappelen

1 groene paprika

1 rode paprika

1 ui

Vleesbouillon (of water)

Olijfolie

Zout en peper

UITWERKING

Hak de poot fijn, breng hem op smaak en bak hem bruin in een zeer hete pot. Afhalen en reserveren.

Fruit in dezelfde olie de in blokjes gesneden paprika en ui. Als de groenten goed gebakken zijn, voeg je de eetlepel paprikapoeder en de tomaat toe. Ga door met koken op hoog vuur totdat de tomaat zijn water verliest. Voeg vervolgens het lamsvlees opnieuw toe.

Giet de wijn erbij en laat inkoken. Bestrijk met de vleesbouillon.

Voeg de cachelada-aardappelen toe (niet gesneden) als het lamsvlees gaar is en kook tot de aardappelen gaar zijn. Pas zout en peper aan.

TRUC

Voor een nog lekkerdere saus bak je 4 piquillo-pepers en 1 teentje knoflook apart. Meng alles met een beetje bouillon uit de stoofpot en voeg toe aan de stoofpot.

HAZEN CIVET

INGREDIËNTEN

1 haas

250 gram champignons

250 g wortelen

250 g ui

100 g spek

¼ l rode wijn

3 eetlepels tomatensaus

2 teentjes knoflook

2 takjes tijm

2 laurierblaadjes

Vleesbouillon (of water)

Olijfolie

Zout en peper

UITWERKING

Snijd de haas en marineer deze 24 uur in de wortels, knoflook en in kleine stukjes gesneden uien, wijn, 1 takje tijm en 1 laurierblad. Zodra de tijd is verstreken, zeef en bewaar de wijn aan de ene kant en de groenten aan de andere kant.

Kruid de haas met peper en zout, bak hem op hoog vuur bruin en verwijder hem. Fruit de groenten op middelhoog vuur in dezelfde olie. Giet de tomatensaus erbij en bak 3 min. Zet de haas er weer in. Baden in de wijn en bouillon tot het vlees bedekt is. Voeg de andere tak tijm en het andere laurierblad toe. Kook tot de haas zacht is.

Bak ondertussen het in reepjes gesneden spek en de in vieren gesneden champignons en voeg toe aan de stoofpot. Scheid de hazenlever apart in een vijzel en voeg deze ook toe. Laat nog 10 minuten koken en breng op smaak met peper en zout.

TRUC

Dit gerecht kan met elk wilddier worden gemaakt en is nog lekkerder als het een dag van tevoren wordt gemaakt.

KONIJN MET PIJPERRADE

INGREDIËNTEN

1 konijn

2 grote tomaten

2 uien

1 groene paprika

1 teentje knoflook

Suiker

Olijfolie

Zout en peper

UITWERKING

Snijd het konijn, breng het op smaak en bak het bruin in een hete pot. Verwijderen en reserveren.

Snijd de uien, paprika en knoflook in kleine stukjes en bak ze op laag vuur gedurende 15 minuten in dezelfde olie waarin het konijn is gemaakt.

Voeg de in brunoise gesneden tomaten toe en bak op middelhoog vuur tot ze al hun water verliezen. Pas indien nodig zout en suiker aan.

Voeg het konijn toe, zet het vuur laag en kook 15 tot 20 minuten met de pan afgedekt, af en toe roerend.

TRUC

Je kunt courgette of aubergine toevoegen aan de piperrada.

KIPPENGEHAKTEBALLEN GEVULD MET KAAS MET KERRYSAUS

INGREDIËNTEN

500 gram kipgehakt

150 g kaas in blokjes gesneden

100 g paneermeel

200 ml room

1 glas kippenbouillon

2 eetlepels kerrie

½ eetlepel paneermeel

30 rozijnen

1 groene paprika

1 wortel

1 ui

1 ei

1 citroen

Melk

Meel

Olijfolie

Zout

UITWERKING

Kruid de kip en meng met het paneermeel, het ei, 1 eetlepel kerrie en het in melk gedrenkte paneermeel. Vorm balletjes, vul ze met een blokje kaas en haal ze door de bloem. Bak en zet opzij.

Fruit de ui, paprika en wortel in kleine stukjes in dezelfde olie. Voeg de citroenschil toe en kook een paar minuten. Voeg de andere eetlepel kerrie, de rozijnen en de kippenbouillon toe. Voeg de room toe als deze begint te koken en laat 20 minuten koken. Zout aanpassen.

TRUC

Een ideale aanvulling op deze gehaktballetjes zijn enkele in vieren gesneden champignons, gebakken met een paar teentjes knoflook in kleine stukjes en bewaterd met een flinke scheut port of Pedro Ximénez-wijn.

VARKENSVLEESWANGEN IN RODE WIJN

INGREDIËNTEN

12 varkenswangetjes

½ l rode wijn

2 teentjes knoflook

2 preien

1 rode paprika

1 wortel

1 ui

Meel

Vleesbouillon (of water)

Olijfolie

Zout en peper

UITWERKING

Breng de wangen op smaak en bak ze bruin in een zeer hete pan. Afhalen en reserveren.

Snijd de groenten in bronoise en bak ze in dezelfde olie waarin het varkensvlees werd gebakken. Als ze goed gepocheerd zijn, voeg je de wijn toe en laat je deze 5 minuten inkoken. Voeg de wangen en de vleesbouillon toe tot ze onderstaan.

Kook tot de wangen heel zacht zijn en meng de saus als je wilt dat er geen stukjes groente meer over zijn.

TRUC

Varkenswangetjes hebben veel minder tijd nodig om te maken dan runderwangetjes. Een andere smaak wordt bereikt als er op het einde een onsje chocolade aan de saus wordt toegevoegd.

COCHIFRITO A LA NAVARRE

INGREDIËNTEN

2 gehakte lamsbouten

50 g reuzel

1 theelepel paprikapoeder

1 eetlepel azijn

2 teentjes knoflook

1 ui

Olijfolie

Zout en peper

UITWERKING

Snijd de lamsbouten in stukjes. Kruid en bruin op hoog vuur in een pan. Afhalen en reserveren.

Fruit de fijngesneden ui en knoflook in dezelfde olie gedurende 8 minuten op laag vuur. Voeg de paprika toe en bak nog 5 seconden. Voeg het lamsvlees toe en bedek met water.

Kook tot de saus is ingekookt en het vlees zacht is. Bevochtig met azijn en breng aan de kook.

TRUC

Het eerste bruin worden is essentieel, omdat hierdoor wordt voorkomen dat de sappen ontsnappen. Bovendien zorgt het voor een knapperige toets en versterkt het de smaken.

Runderstoofpot Met Pindasaus

INGREDIËNTEN

750 g bloedworstvlees

250 gram pinda's

2 l vleesbouillon

1 glas room

½ glas cognac

2 eetlepels tomatensaus

1 takje tijm

1 takje rozemarijn

4 aardappelen

2 wortels

1 ui

1 teentje knoflook

Olijfolie

Zout en peper

UITWERKING

Snijd de bloedworst in stukken, breng op smaak en bak deze op hoog vuur bruin. Afhalen en reserveren.

Fruit de ui, knoflook en wortels, in kleine blokjes gesneden, in dezelfde olie op laag vuur. Verhoog het vuur en voeg de tomatensaus toe. Laat het inkoken tot het al zijn water kwijt is. Giet de cognac erbij en laat de alcohol verdampen. Voeg het vlees opnieuw toe.

Maal de pinda's goed met de bouillon en voeg deze samen met de aromatische kruiden toe aan de braadpan. Kook op laag vuur tot het vlees bijna gaar is.

Voeg vervolgens de geschilde aardappelen, in regelmatige vierkanten gesneden, en de room toe. Kook gedurende 10 minuten en breng op smaak met zout en peper. Laat het 15 minuten rusten voordat u het serveert.

TRUC

Bij dit vleesgerecht kan rijstpilaf worden geserveerd (zie het gedeelte Rijst en Pasta).

GEROOSTERD VARKEN

INGREDIËNTEN

1 speenvarken

2 eetlepels reuzel

Zout

UITWERKING

Bedek de oren en staart met aluminiumfolie zodat ze niet verbranden.

Plaats 2 houten lepels op een bakplaat en plaats het speenvarken met de voorkant naar boven, zodat het de bodem van de bak niet raakt. Voeg 2 eetlepels water toe en bak 2 uur op 180ºC.

Los het zout op in 4 dl water en beschilder de binnenkant van het speenvarken elke 10 minuten. Draai het na een uur om en schilder verder met water en zout tot de tijd om is.

Smelt de boter en beschilder de huid. Verhoog de oven tot 200ºC en rooster nog eens 30 minuten of tot het vel goudbruin en krokant is.

TRUC

Breng het sap niet op de huid aan; Dat zou ervoor zorgen dat het zijn crunch verliest. Serveer de saus onder op het bord.

GEROOSTERDE KNOP MET KOOL

INGREDIËNTEN

4 knokkels

½ kool

3 teentjes knoflook

Olijfolie

Zout en peper

UITWERKING

Bedek de knokkels met kokend water en kook gedurende 2 uur tot ze volledig gaar zijn.

Haal uit het water en bak met een scheutje olie op 220ºC goudbruin. Seizoen.

Snijd de kool in dunne reepjes. Kook in ruim kokend water gedurende 15 minuten. Droogleggen.

Bak ondertussen de gesneden knoflook in een beetje olie, voeg de kool toe en bak. Breng op smaak en serveer met de geroosterde knokkels.

TRUC

De knokkels kunnen ook in een zeer hete pan worden gemaakt. Bak ze aan alle kanten goed bruin.

KONIJN CACCIATORE

INGREDIËNTEN

1 konijn

300 gram champignons

2 glazen kippenbouillon

1 glas witte wijn

1 takje verse tijm

1 laurierblad

2 teentjes knoflook

1 ui

1 tomaat

Olijfolie

Zout en peper

UITWERKING

Snijd het konijn, kruid het en bak het bruin op hoog vuur. Afhalen en reserveren.

Fruit de ui en knoflook, in kleine stukjes gesneden, in dezelfde olie op laag vuur gedurende 5 minuten. Verhoog het vuur en voeg de geraspte tomaat toe. Kook tot er geen water meer is.

Voeg het konijn opnieuw toe en baad het met de wijn. Laat het inkoken en de saus is bijna droog. Bevochtig met de bouillon en kook samen met de aromatische kruiden gedurende 25 minuten of tot het vlees gaar is.

Bak ondertussen de schoongemaakte en in plakjes gesneden champignons 2 minuten in een hete pan. Breng ze op smaak met zout en voeg ze toe aan de stoofpot. Kook nog 2 minuten en pas indien nodig het zout aan.

TRUC

Je kunt hetzelfde recept maken met kip- of kalkoenvlees.

KALFSESCALOPE MADRILEÑA STIJL

INGREDIËNTEN

4 biefstukken

1 eetlepel verse peterselie

2 teentjes knoflook

Meel, ei en paneermeel (voor coating)

Olijfolie

Zout en peper

UITWERKING

Snijd de peterselie en knoflook fijn. Doe ze samen in een kom en voeg het broodkruim toe. Verwijderen.

Kruid de filets met peper en zout en haal ze door de bloem, het losgeklopte ei en het paneermengsel met knoflook en peterselie.

Druk met je handen aan zodat het paneermeel goed blijft plakken en bak het gedurende 15 seconden in voldoende, zeer hete olie.

TRUC

Plet de filets met een hamer, zodat de vezels breken en het vlees malser wordt.

GESTOKEN KONIJN MET PADDESTOELEN

INGREDIËNTEN

1 konijn

250 g seizoenschampignons

50 g reuzel

200 gram spek

45 gram amandelen

600 ml kippenbouillon

1 glas sherrywijn

1 wortel

1 tomaat

1 ui

1 teentje knoflook

1 takje tijm

Zout en peper

UITWERKING

Snijd het konijn en kruid het. Bak het op hoog vuur in de boter, samen met het in stokjes gesneden spek. Afhalen en reserveren.

Fruit in datzelfde vet de ui, wortel en knoflook, in kleine stukjes gesneden. Voeg de gehakte champignons toe en bak 2 min. Voeg de geraspte tomaat toe en kook tot hij zijn water verliest.

Voeg het konijn en het spek opnieuw toe en bedek met de wijn. Laat het inkoken en de saus is bijna droog. Bevochtig met de bouillon en voeg de tijm toe. Kook op laag vuur gedurende 25 minuten of tot het konijn zacht is. Werk af met de amandelen erop en pas het zout aan.

TRUC

Je kunt gedroogde shiitake-paddenstoelen gebruiken. Ze zorgen voor veel smaak en aroma.

www.ingramcontent.com/pod-product-compliance
Lightning Source LLC
LaVergne TN
LVHW021708060526
838200LV00050B/2558